# NATURSTEIN

## Leben mit sieben Sinnen

### Das Trendbuch für modernes Wohnen

Dieter Drossel

# Naturstein - Leben mit sieben Sinnen

*Leben mit sieben Sinnen*

Eine Liebeserklärung an die Natur mit
100 Wohnideen für Ihr neues Zuhause.

Willkommen im Reich der sieben Sinne.
Dieter Drossel

# Vorwort

Danksagung

Wenn aus einem geplanten Fachbuch ein Buch mit einem philosophischen Ansatz wird und in einem Trendbuch für modernes Wohnen endet, hat ein Projekt eine wunderbare Wendung genommen. Aus geschäftlichen Verbindungen sind Freundschaften und aus rationellen Betrachtungen emotionale Beziehungen entstanden.

Zunächst möchte ich mich bei meinen Naturstein-Mentoren Gerhard und Thomas Rossittis bedanken. Sie gaben mir den Freiraum hinter alle Kulissen des Natursteinabbaus, dem Handel und der Beratung zu schauen. Ihre Geschäftsmaxime von Vertrauen, Zuverlässigkeit, Qualität und Service begleiteten mich durch alle Projekte und gaben mir stets eine Orientierung in einer Welt des Natursteins, die Millionen von Jahren alt, jedoch nur in ihren Anfängen erkundet ist.

Fünf Jahre bereiste ich bundesweit Natursteinverarbeiter, um ihre besten Arbeiten mit Trendcharakter zu dokumentieren. Schon nach den ersten Fotoshootings und Gesprächen mit den Verarbeitern, Hausherren und Architekten war mir klar, dass Naturstein so viele Facetten hat, wie die Menschen, die sich in ihn verliebt haben. Kein Objekt gleicht dem anderen, was nicht nur im Naturstein begründet ist, sondern an der Art und Weise, wie die beteiligten Menschen an die Gestaltung herangegangen sind. Auch wenn die Hausherren und Architekten klare Vorstellungen hatten, waren sie oftmals offen für Neues, um sich von der Natur und den Handwerkern in der Verarbeitung inspirieren zu lassen. Auf diese Weise konnte ich an einhundert Wohnideen Anteil nehmen.

Alle an diesem Buch mitwirkenden Verarbeiter, Planer und Architekten sind auf den Seiten 268 bis 271 aufgeführt. Ihnen und den Kunden möchte ich an dieser Stelle noch einmal herzlich für ihre Unterstützung danken.

# Inhaltsverzeichnis

Crema Marfil
Marrón Emperador
Giallo Didone/Samarcanda
Billiemi
Mocca Creme
Vallaingis Jaune
Mocca Creme Fine Grain
Caesar Brown
Miros Typ Myrddin
Azul Valverde
Richeval
Pietra Castello

# Der sechste Sinn: Das Bauchgefühl

*Leben mit sieben Sinnen*

Herzlich willkommen in der faszinierenden Welt des Natursteins. Tauchen Sie ein in ein Buch, das Ihnen Menschen vorstellen möchte, anhand ihrer Einrichtung, der Wahl ihrer Materialien und dem stilvollen Anblick einer ganzheitlichen Gestaltung. Gemäß dem Buchtitel „Naturstein - Leben mit sieben Sinnen“ haben wir bewusst auf Bilder der Hausherren verzichtet, um nicht vom eigentlichen Thema abzulenken und die Intimsphäre der Menschen zu wahren, die uns an ihrer Art zu wohnen teilhaben ließen.

Würden wir Ihnen Bilder der Hausherren zeigen, oder Geschichten aus den Bauphasen erzählen, dann würden die unterschiedlichen Objekte vielleicht ganz anders auf Sie wirken. Doch wir möchten Ihnen beim Betrachten der Bilder die Freiheit lassen, sich selbst eine Meinung zu bilden - ein Gefühl zu entwickeln, und Sie dabei in Ihrer Fantasie nicht einschränken. Am liebsten würden wir Sie in eine der abgebildeten Traumküchen einladen, um Sie mit dem Geruchs- und Geschmackssinn zu fesseln. Oder Sie in die vielfältigen Ausstellungen der beteiligten Natursteinverarbeiter mitnehmen, denn gerade die Vielzahl der Bearbeitungsmöglichkeiten von Naturstein ist eine Erlebniswelt für sich selbst. Jeder „Gefühlsmensch“ wird auf seine Kosten kommen und sich an den einzigartigen haptischen Reizen erfreuen.

Aber lassen Sie uns beim „sechsten Sinn“, dem Bauchgefühl anfangen. Zu Beginn eines jeden Fotoshootings wurde den Hausherren die Frage gestellt, warum sie sich gerade für diesen Naturstein entschieden hatten. Häufig antworteten sie: „Ich bin meinem Bauchgefühl gefolgt.“ Irgendwann stellte sich natürlich dann die Frage: Woher kommt dieses Gefühl eigentlich? Und gibt es vielleicht sogar einen Zusammenhang mit Naturstein?

Viele kennen jenes Empfinden, einen Raum zu betreten und sich einfach wohlzufühlen. In manchen Häusern fühlt man sich sofort zu Hause, während man zu anderen einfach keine Beziehung aufbauen kann. Der eine oder andere fragt sich vielleicht, warum es ihm nicht gelingt, trotz aufwendiger Dekoration und teurer Einrichtungsgegenstände, eine gewisse Atmosphäre herzustellen, während andere, mit wenigen gezielten Akzenten, eine ganz einmalige Harmonie hergestellt haben.

Bei allen Begegnungen in der Natursteinwelt wurde recht schnell eines klar: „Bauch schlägt Kopf.“ Menschen, die eine emotionale Beziehung zum Naturstein aufbauen konnten, hatten einfach mehr von dem Erschaffenen. Alleine die Vorstellung aus und mit der Natur etwas Neues zu gestalten, legte bei manchen Menschen „einen Schalter“ um, der scheinbar tief im Inneren von uns verborgen ist. Die Stimme aus dem Inneren sich für oder gegen etwas zu entscheiden, ist sie angeboren oder das Ergebnis eines Unterbewusstseins, das sich im Laufe unseres Lebens aufgebaut hat? Es scheint auf jeden Fall kein Zufall zu sein, dass sich in vielen der Objekten eine Kombination aus Naturstein und Holz verbindet, einem Material, das ähnliche Emotionen auslöst. Es sind nicht alleine die natürlichen Farben und Strukturen, die das Besondere ausmachen, es ist die Gewissheit eins zu werden mit der Natur. - Sich mit und an ihr zu erfreuen. Alles was wir im Leben bewusst machen und wahrnehmen, hat eine besondere Wertigkeit für uns. Schon die Vorstellung, an dem Ergebnis eines Vulkanausbruchs oder von Fossilablagerungen Anteil zu haben, gibt uns ein Gefühl der Vollkommenheit. Die Vergangenheit wird Gegenwart und verbindet Zeit und Raum auf eine ganz besondere Weise.

Dieses Buch scheint unstrukturiert zu wirken, da es weder nach Farben, noch nach Art oder Herkunft der Natursteine angeordnet ist. Dennoch folgt es einer Systematik, die vielen Menschen zu einer lebenslangen Freude am und mit Naturstein verholfen hat. In einer Welt, in der wir gerne versuchen Produkte, Menschen und jeden Gedanken in Schubladen einzuordnen, genießt man den Augenblick, in dem man aus dem Unendlichen schöpfen kann. Nur wer einen Blick für das Ganze hat, kann sich auch später sicher sein, genau die richtige Entscheidung getroffen und nichts verpasst zu haben. Dabei kommt es nicht darauf an, alle Steine zu kennen, sondern das Grundwesen der Steine für sich selbst zu studieren, um herauszufinden, was zu einem passt oder nicht. Soll der Stein ein Gefühl zum Ausdruck bringen, die Gestaltung vorgeben oder sich dezent im Hintergrund halten? Steine können für ein ganzes Haus die Linie und Verbundenheit vorgeben, wie auf den ersten sechzehn Objekten dieses Buches oder in jedem Raum unterschiedlich gewählt werden, wie bei den nachfolgenden Bad- und Küchenbeispielen. Eines steht bei jeder Natursteinwahl fest: Jedes Haus und jeder Raum ist auf seine Art einzigartig und individuell wie die Menschen, die sie mit Freude so eingerichtet haben.

Naturstein hat seine eigenen Spielregeln in der Gestaltung. Gute Berater erkennen Sie daran, in wieweit sie beobachten und zuhören können. Sie verfolgen gerne die Blicke ihrer Kunden und warten auf den Augenblick, indem sie beim Anblick ihres Steins wie ein Maler oder Kunstliebhaber in einem Bild versinken.

# Der siebte Sinn: Auf einer Wellenlänge



Über den siebten Sinn steht viel geschrieben, doch auch hier gibt es kaum wissenschaftliche Ansatzpunkte zu erklären, warum man sich beobachtet fühlt oder mit anderen Menschen auf den gleichen Gedanken kommt, ohne ihn jemals vorher diskutiert oder ausgesprochen zu haben. Der Mensch ist nur zu einem Bruchteil erforscht, was der Fantasie einen großen Raum lässt, Dinge auf einer eigenen Art zu interpretieren.

Viele der Fotoshootings wurden von den Hausherren erst genehmigt, nachdem ihnen der Titel und der Gedanke des Buches erläutert wurde. Der Interpretation des „siebten Sinnes“ - der „Kommunikation auf einer Wellenlänge“ konnten sie mit einer Vielzahl an Beispielen zustimmen. Auch sie erlebten in der Bauphase eine besondere Beziehung zwischen ihnen, den Architekten und Natursteinverarbeitern. Manchmal wirft man dem anderen einen Gedanken herüber, der etwas daraus weiterentwickelt und mit seinem Ergebnis genau den Punkt trifft, den man sich erträumt hatte. Und genau bei dem Begriff „einen Gedanken rüberwerfen“ findet sich scheinbar die Erklärung für ein Phänomen, das den feinen Unterschied im Handwerk ausmacht. Manche Menschen verfügen über die Gabe, die Wünsche, Träume und Gedanken anderer förmlich „lesen“ zu können, ohne dass sie zuvor ausgesprochen wurden. In vielen Fällen wird dies auf die Lebenserfahrung und den Menschenkenntnissen der Fachberater zurückzuführen sein. Doch in einigen anderen, kann man eine große – eine ganz besondere Verbindung zwischen zwei Menschen feststellen.

Naturstein lädt förmlich dazu ein, mit Gedanken zu spielen und der Fantasie freien Lauf zu lassen. Jeder Stein hat seine eigene Geschichte, jede Farbe und Form gibt uns Anregungen für neue Interpretationen. Den sechsten und siebten Sinn kann man nicht bei Bedarf abrufen, er entwickelt sich im Laufe der Zeit, wenn die Rahmenbedingungen hierfür gegeben sind. Wer sich von einer Ausschreibung erhofft, die passenden kreativen Menschen zu finden, braucht sich nicht wundern, wenn seine Träume und Wünsche nicht erfüllt werden.

Die richtigen Rahmenbedingungen für die Wahl der passenden Materialien liefert die Natur, Natursteingroßhändler mit einer entsprechenden Auswahl und natürlich die Verarbeiter, die es mit ihren handwerklichen Fähigkeiten in ihren Händen haben, etwas Neues zu erschaffen. Einige Betriebe haben selbst eine Auswahl an Rohplatten, eine kleine Ausstellung oder gestatten auch gerne den Blick hinter die Kulissen in die Produktion. Da Naturstein wesentlich mehr Verarbeitungsmöglichkeiten als beispielsweise keramische Fliesen bietet, sollte man grundsätzlich ohne Einschränkungen der eigenen Fantasie in die Beratung gehen. Nicht der Preis, sondern die Idee ist es, die das Wohlbefinden auslöst. Manchmal reicht es, nur einen gezielten Raumakzent mit Naturstein zu setzen, an dem man sich ein Leben lang erfreut.

Viele Natursteine gleichen einem Blick ins Universum. Man fühlt sich als ein Teil der Schöpfung, fängt an zu philosophieren und sieht Dinge, die man vorher nicht gesehen hat. Manchmal braucht man auch die Unterstützung eines Künstlers, der aus einer einfachen Quarzader ein vollendetes Werkstück zaubert. Hier liegt der Grundansatz der anspruchsvollen Verarbeiter: den Kunden in die Gestaltung einzubeziehen, um ihn einzuladen, sich auf die Stimmungen der Natur einzulassen.

Die Qualität der Verarbeitung und Verlegung spielt die größte Rolle in der Betrachtung eines Gesamtwerkes. Der hochpreisigste Edelstein kann durch eine unsachgemäße Verarbeitung und Umsetzung in einem schlechten Licht erscheinen sowie der günstigste Stein durch ein formvollendetes Design hervorragend in Szene gesetzt werden.

Der siebte Sinn verbindet Generationen, insbesondere wenn Naturstein die Ebene hierfür bereitet. Stilsicherheit ist in allen Altersklassen gefragt und so gibt es immer genug Gesprächsstoff auf einer gemeinsamen Wellenlänge. Manche Gebäude und Räumlichkeiten erlangen den Status der Unendlichkeit, unabhängig vom eingesetzten Naturstein. Wer einmal vom Naturstein infiziert ist, wird künftig mit anderen Augen durch die Welt gehen und noch mehr Freude an der Natur haben. Naturstein ist ähnlich wie Holz zeitlos im Rohzustand und daher der ideale Werkstoff für langfristig angelegte Raumkonzepte. Die längere Lebenserwartung hat dabei einen nicht unerheblichen Einfluss auf die Wertigkeit, die einer Sache zugemessen wird. Nicht nur die aktuelle Lebensphase wird betrachtet, sondern die Zeit danach, wenn man sich anderen Hobbies und Vorlieben widmen möchte. Wie schön ist es dann, über die Geschichte des Materials oder die Entstehungsgeschichte eines Gebäudes zu philosophieren, wenn eigene Gedanken verwirklicht werden konnten. Selbst wenn ein Designer die These aufstellen würde Carrara Marmor sei out, der David des Michelangelo wird zu allen Zeiten den Betrachter faszinieren. Vielleicht ergibt es sich auch einmal, einen der rund einhundertdreizig heimischen Natursteinbrüche zu besuchen und die Geschichte vor Ort zu erkunden.

# Das Trendbuch für modernes Wohnen

In dem Anspruch für die Naturstein-Kundenberatung ein geeignetes Nachschlagewerk zu entwickeln, fand die Beschäftigung mit diesem Buchprojekt seinen Anfang. Dabei wurde schnell erkannt, dass es nicht **einen** Natursteintrend im modernen Wohnen gibt, sondern eine Vielzahl von Wohnideen, die repräsentativ für den aktuellen Zeitgeist sind. Wer dachte, von den reinen Materialstatistiken aktuelle Wohntrends ableiten zu können, stellte fest, hiermit nur einen bestimmten Bereich erfasst zu haben. Gerade die steigende Gruppe der Menschen, die im Umgang mit Naturmaterialien ihre Erfüllung sehen, blieben bei der reinen sachlichen und statistischen Betrachtung außen vor. Denn ihnen kommt es bei der Wahl von Naturstein nur auf eines an: Der Entfaltung der Persönlichkeit. Alle anderen Entwicklungen im Innenausbau waren diesem höchsten aller Kundenwünsche untergeordnet.

In über einhundert Städten und Regionen Deutschlands sowie der Beneluxländer wurden Natursteinverarbeiter nach ihren aktuellen Arbeiten befragt, die für sie persönlich Trendcharakter haben. Zusätzlich wurde das Kaufverhalten der Menschen in Deutschlands größtem Natursteinlagers der Fa. Rossittis betrachtet. Hier können interessierte Bauherren und Architekten ihre Materialien im Kundenauftrag frei auswählen, die dann vor Ort von den jeweiligen Fachfirmen verarbeitet werden. Diese Erkenntnisse waren von besonderer Bedeutung für den Innenausbau, insbesondere wenn es um die Gestaltung von Traumbädern und kompletten Häusern ging. Hat der Bauherr die Qual der Wahl in der Fülle aller Möglichkeiten, verlässt er sich oftmals auf sein Bauchgefühl. Ebenso entschieden sich die Menschen bei der Wahl im Natursteinlager eher zu großformatigen Lösungen für Arbeitsplatten, Boden- und Wandverkleidungen. Wer einmal Freude am natürlichen Strukturverlauf gefunden hat, versucht ihn so groß wie möglich zu erhalten. Doch nicht nur gestalterische, sondern auch praktische Vorteile sprechen für die Verlegung von Großformaten. Je geringer der Fugenanteil, umso einfacher ist die Pflege der Steine. Aus diesem Grunde setzten Natursteinprofis insbesondere in den Nassbereichen kaum Fliesen ein, wie die vielen Beispiele ansehnlich unterstreichen.

Die Wohntrends sind in diesem Buch eindrucksvoll mit Fotos dokumentiert. Den Anfang bilden ganzheitlich gestaltete Objekte mit jeweils einem Basismaterial. Diese Materialkonsequenz findet man überwiegend bei Neubauten und Kernsanierungen von Altbauten. Es folgen aktuelle Bäder und Küchen, die im Laufe der Jahre von ihren Hausherren saniert worden sind. Hier ist jeder Raum ein Unikat und losgelöst von der restlichen Gestaltung des Hauses. Die große Bandbreite der Stilrichtungen erklärt sich durch das neue Selbstverständnis einer reifer werdenden Generation und den hiermit verbundenen Wellness- und Lifestyleerwartungen. Der Spruch „man ist nur so alt, wie man sich fühlt", könnte nicht passender für viele Inhaber der Objekte sein. Man sieht den Räumen kaum an, ob sich ein junges Ehepaar den Traum von einer Wellnessoase in Marmor oder Travertin erfüllte oder der Rentner als Hobbykoch seine Berufung gefunden hat.

Die schwierigste Entscheidung in diesem Buch war es, das Objekt für die Titelseite festzulegen. Jeder hatte seinen eigenen Favoriten und seine Vorlieben für Materialien, Architektur und nicht zuletzt den Accessoires. Letztendlich fiel die Entscheidung auf das Basaltinaobjekt, da es voll dem Trend der „Ritual Architektur" entspricht, jedoch die unterschiedlichsten Reaktionen auslöste. Die einen sahen hierin genau die zeitgemäße Kombination vom Raum der Besinnung mit angrenzenden Fitnessbereich, während andere sich überhaupt nicht auf diesen Stil einlassen konnten und wollten. Während der Stil reine Geschmackssache ist, konnte jeder Betrachter bei diesem Objekt jedoch eine Wohnidee für sich persönlich entdecken, angefangen von der überdimensionalen Regendusche bis hin zu den seitlichen Wasserablaufrinnen und nicht zuletzt der Wirkung des Basaltina Urgesteins.

Jeder Bauherr war mit der getroffenen Wahl sehr zufrieden und fühlte sich in seinem neuen Zuhause angekommen. Das sollte das höchste Ziel einer jeden Kundenberatung sein. Nicht die Meinung der Industrie und der Verkäufer ist von entscheidener Bedeutung, sondern alleine das Wohlbefinden der Menschen, die zukünftig darin leben möchten. Aus diesem Grunde finden Sie zahlreiche Stilrichtungen in diesem Trendbuch, um Sie in Ihrem „Bauchgefühl" zu bestärken und Ihren persönlichen Stein auszuwählen.

Anhand von zwei Natursteinen, dem rumänischen Marmor Ruskita und dem türkischen Kalkstein Miros wurde die Grundvorgehensweise bei der Natursteinwahl detailierter beschrieben. Steine können grundsätzlich für sich alleine wirken, oder zurückhaltend einer zweiten Farbe als Grundton dienen, die letztendlich dann das Farbklima im Raum bestimmt.

Leider konnten nicht alle Objekte abgebildet werden. Deshalb wurden bei ähnlichen oder gleichen Materialien die Wohnidee in den Vordergrund gestellt, um Ihnen möglichst viele Anregungen zu präsentieren.

power
Fit

# Teil I – Ganzheitliche Wohnkonzepte

Ganzheitliche Wohnkonzepte

# Klare Strukturen

Je zurückhaltender das Material,
desto mehr Aufmerksamkeit
gebührt dem Menschen ...

*Der norwegische Otta Phyllit fasziniert durch seinen dreidimensionalen Effekt in der geschliffenen Variante.*

*Wohnidee 1*
*Gleiche Materialien in unterschiedlichen Oberflächen führen elegant von außen nach innen.*

*Wohnidee 2*
*Der Essbereich wird aufgewertet durch die außergewöhnliche Architektur und Anordnung der Fenster. Wenn jeder Raum sein ganz individuelles Highlight hat, ist es schön, wenn der Fußboden die verbindende Einheit darstellt.*

*Naturstein wirkt alleine und setzt in Kombination jedes andere Material gut in Szene.*

*Nächste Seite: Wohnidee 3*
*Unterschiedliche Lichtspiegelungen der geschliffenen Fliesen erfordern eine „wilde" Verlegung.*

*Otta Phyllit Högseter*
*Phyllit, Norwegen*

dampf

# Freiräume

Freiräume

## Klare Strukturen schaffen Freiräume für Körper und Geist ...

*Wohnidee 4*
*Die massive 4 cm Arbeitsplatte wurde pflegeleicht mit einem flächenbündig eingebautem Herd und Spüle ausgestattet. Der puristisch anmutende graue Natursteinboden kommt im Materialmix mit dem Holzparkett besonders gut zur Geltung.*

*Küchenarbeitsplatte*
*Nero Assoluto*
*Zimbabwe*
*Gabbro, Südafrika*

*Das gesamte Objekt wurde einheitlich vom Eingang und Treppenhaus bis zum Badezimmer mit dem italienischen Sandstein ausgestattet.*

*Wohnidee 5*
*Großformatige Wandverkleidungen sind in allen Materialien möglich. Ablagemöglichkeiten für Seife und Duschlotion dürfen dabei natürlich nicht fehlen.*

*Pietra Serena*
*Sandstein, Italien*

# Zurück zur Natur

*Naturnähe*

Lebensräume erweitern bedeutet persönliche Horizonte entfalten ...

*Wohnidee 6*
*Wintergärten bereichern die Lebensqualität und schaffen eine Verbindung zur Natur.*

*Wohnidee 7*
*Abdunsthauben, die in der Kochinsel versenkt werden, sorgen für einen freien Blick durch die gesamte Wohnlandschaft.*

*Porto Schiefer*
*Tonschiefer, Portugal*

*Küchenarbeitsplatte*
*Nero Assoluto*
*Zimbabwe*
*Gabbro, Südafrika*

# Lebensfreude

Man ist nur so alt,
wie man sich fühlt ...

*Wohnidee 8*
*Der Farbtrend Schwarz/Weiß wurde im spaltrauen Porto Schiefer rustikal umgesetzt.*
*Schiefer speichert ideal die Wärme. In Verbindung mit einer Fußbodenheizung lieben die Hausbesitzer das Gefühl, barfuss über den spaltrauen Boden zu gehen.*

*Porto Schiefer*
*Tonschiefer, Portugal*

# Mittelpunkt

Die Küche im Mittelpunkt des Hauses vereint die Familie und heißt jeden Gast willkommen ...

*Wohnidee 9*
*Von außen unauffällig im alten Kleid, wurde das Haus von innen komplett entkernt und neu gestaltet. Immer häufiger sieht man den Understatement Auftritt in der Öffentlichkeit.*

*Wohnidee 10*
*Das Mauerwerk wurde aufwendig aufbereitet und in die Gestaltung integriert.*

*Wohnidee 11*
*Eine Glasscheibe trennt den Nassbereich vom historischen Mauerwerk.*
*Aus der Wellness-Dusche kann man frei von allen Blicken direkt auf den Balkon gehen.*

*Nero Assoluto*
*Zimbabwe*
*Gabbro, Südafrika*

# Rheinblick

Rheinblick

## Manche Raumkonzepte halten jung und verbinden Generationen ...

*Besonders schön an diesem Apartment mit Rheinblick ist die Tatsache, dass sich die Hausherren diesen Altersruhesitz vollmöbliert eingerichtet und damit ganz und gar den Geschmack ihres zwanzig Jahre jüngeren Mieters getroffen haben.*

*Wohnidee 12*
*Erlaubt ist, was die Natur anbietet. Der Preis spielt eine kleinere Rolle, wenn Sondergrößen wie diese Massivarbeitsplatte gewünscht werden. Mit Hilfe eines Kranwagens wurde die über 300 kg schwere Kochinsel über den Balkon transportiert und mit vier Mann passgenau eingebaut.*

*Angeregt durch die Küchenarbeitsplatte fand der indische Ivory Brown auch Einzug in die Badezimmer.*

*Wohnidee 13*
*Duschwände aus ganzen Rohplatten sind attraktiv und pflegeleicht. Ohne Fugen hat der Schmutz keinen Halt.*

*Ivory Brown*
*Granulit, Indien*

# Freundschaft

Freundschaft

## Freundschaft bedeutet, einen Menschen nicht ändern zu wollen ...

*Sich stets auch über unangekündigten Besuch zu freuen, ist eine Sache der persönlichen Einstellung sowie der Räumlichkeiten, die flexibel erweiterbar sind oder reduziert werden können.*

*Wohnidee 14*
*Bodenplatten haben den Vorteil der geringeren Fugenwirkung, da die Kanten gesägt und nicht gefast sind. Die freien Längen der Platten bewirken, dass das Auge optisch nicht der Querfuge folgt. Grundsätzlich gilt: Je größer das Bodenformat, umso schöner kommt der Naturstein zur Geltung.*

*Wohnidee 15*
*Schiebewände erweitern und verschließen die Lebensräume.*

*Der Parkettboden im Hintergrund setzt das optische Zeichen, dass hier die persönlichen Räumlichkeiten wie Schlafräume und Badezimmer beginnen.*

*Nächste Seite: Wohnidee 16*
*Das Wohnzimmer verbindet drei Welten: den Blick in den Garten, in das Büro im Obergeschoß und den Wohn- und Essbereich.*

*Das Fischaugenobjektiv sollte den Blick einfangen, dass die Terrassen links und rechts durch das Wohnzimmer verbunden sind und sich die Hausherren aussuchen können, welcher Schönheit des Gartens sie sich widmen möchten.*

*Wohnidee 17*
*Sichtachsen im Haus und Garten verbinden Menschen und geben ihnen eine Orientierung. Man ist ständig füreinander da, hat jedoch seine Rückzugsmöglichkeit.*

*Wohnidee 18*
*Das Gäste-WC ist pflegeleicht mit halbhohen Wandplatten verkleidet worden. Das Kinderbad ist klein, jedoch mit allem Komfort ausgestattet. Eine deckenhohe Wandverkleidung erleichtert die Reinigung der Dusche.*

*Ivory Fantasy*
*Gneis, Indien*

# Meisterwerk

Meisterwerk

Der wahre Meister erfreut sich auch an der Kunst des Anderen ...

*Wohnidee 19*
*Mit handwerklicher Meisterarbeit empfangen zu werden, ist eine einzigartige Augenweide. Sowohl der handgezogene hölzerne Treppenlauf, die Einlegearbeit im Naturstein als auch das Beleuchtungskonzept zeigen, das der Hausherr selbst ein Perfektionist ist.*

*Wohnidee 20*
*Naturstein und Holz wirken immer wieder im Zusammenspiel. Aus praktischen Gründen wurde am Kamin elegant der Naturstein weitergeführt und umrahmt somit die Sitzgruppe.*

*Nächste Seite - Wohnidee 21*
*Bodenzuschnitte aus Rohplatten ermöglichen einen natürlichen Strukturverlauf.*

*Imperial White*
*Gneis, Indien*

# Die Visitenkarte
# des Hauses

Ein stilvoller Empfang gibt der Seele neuen Raum ...

*Wohnidee 22*
*Urlaubserinnerungen waren der ausschlaggebende Grund für die Wahl des italienischen Kalksteins Bianco Perlino, der im gesamten Haus verlegt wurde. An welchen Urlaub möchten Sie sich in Ihrem Zuhause erinnern?*

*Nächste Seite: Wohnidee 23*
*Viele reden vom Lebensraum Küche, andere setzen ihn einfach durch eine einheitliche Materialauswahl und eine offenen Gestaltung um.*

*Bianco Perlino*
*Kalkstein, Italien*

*Wohnidee 24*
*Hart- und Weichgesteine begeistern mit der gleichen Oberflächenhaptik. Die Küchenarbeitsplatte im Hartgestein Nero Assoluto Zimbabwe passt ideal mit der satinierten Bearbeitungsart in das mediterrane Flair.*

*Küchenarbeitsplatte*
*Nero Assoluto*
*Zimbabwe*
*Gabbro, Afrika*

# Orientierung

Orientierung

## Ein fester Standpunkt ist die Grundlage für die innere Balance ...

*Für den Materialmix in der Treppe musste jede Stufe vor dem Einbau aufwendig miteinander verbunden und eingeschliffen werden. Gerade bei Treppen kommt es auf jeden Millimeter an.*

*Wohnidee 25*
*Die Trendkombination Braun und Beige wird sowohl mit klassischen als auch neuzeitlichen Natursteinen interpretiert.*

*Cleopatra*
*Kalkstein, Ägypten*

*Purple Wood*
*Sandstein, China*

W
N
S
O

# Die Vollendung

Wenn Farben harmonieren,
fühlt sich der Mensch zu Hause ...

*Wohnidee 26*
*In den Blickachsen trifft das Auge auf die gleichen Materialien. Harmonischer kann man ein Haus nicht gestalten.*

*Cleopatra Medium*
*Kalkstein, Ägypten*

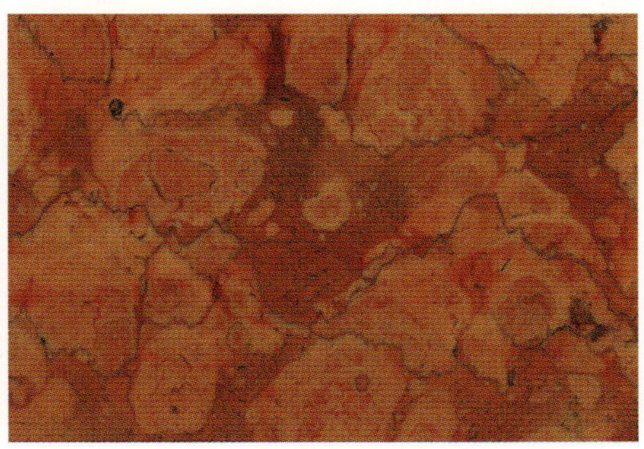

*Rosso Verona*
*Knollenkalk, Italien*

*Wohnidee 27*
*Bruchsteinwände sind im Trend als Raumteiler und Wandverkleidung. In diesem Beispiel geben sie einem Plasmabildschirm Platz von beiden Seiten.*

*Bruchsteinwand*
*Raumteiler Küche*
*Jura Marmor*
*Kalkstein,*
*Deutschland*

*Wohnidee 28*
*Naturstein und Holz ergänzen sich optimal und strahlen eine gemeinsame Harmonie aus.*
*Die Hausherren kombinierten im gesamten Haus amerikanische Kirsche mit dem Kalkstein Cleopatra aus Ägypten.*

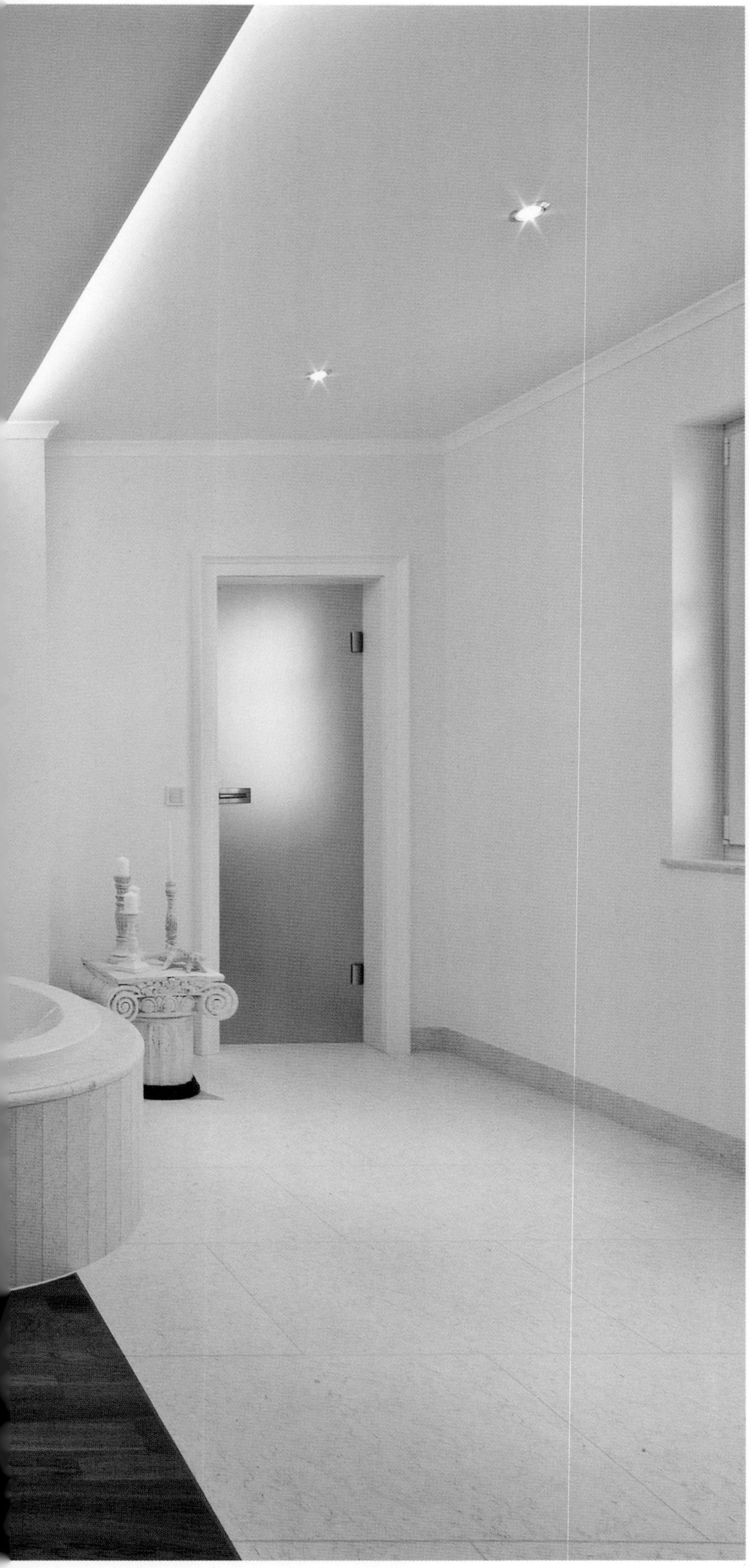

*Wohnidee 29*
*Eine niedrige Einstiegshöhe in die Badewanne und ein ebenerdiger Duscheingang sind Annehmlichkeiten für jede Altersklasse.*

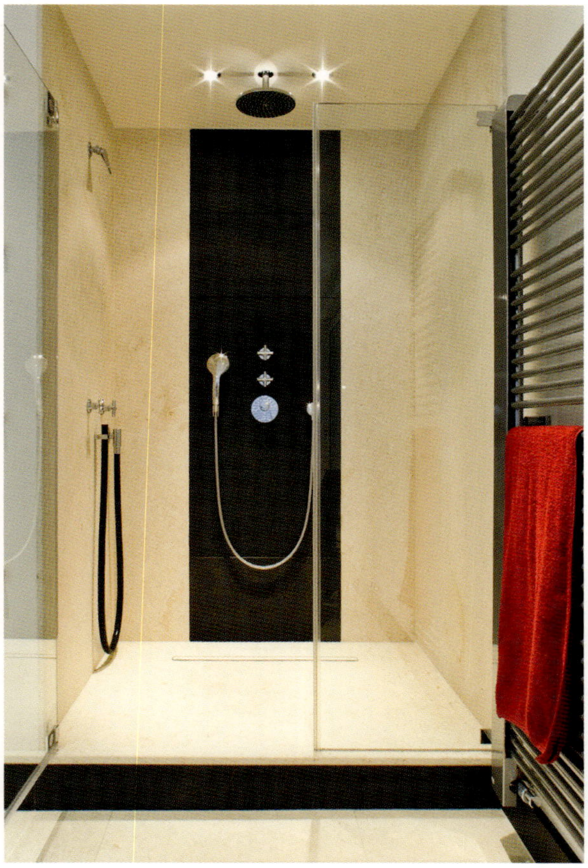

*Wohnidee 30*
*Moderne Lichtfasertechnik ermöglicht individuelle Farbspiele im Wellnessbereich.*

*Schwimmbadeinfassung*
*Nero Assoluto Zimbabwe*
*Gabbro, Südafrika*

# Charisma

Charisma

Manche Häuser sind ein Ausdruck von Selbstbewusstsein ...

*Wohnidee 31*
*Großformatige Bodenplatten vergrößern optisch den Eingangsbereich.*

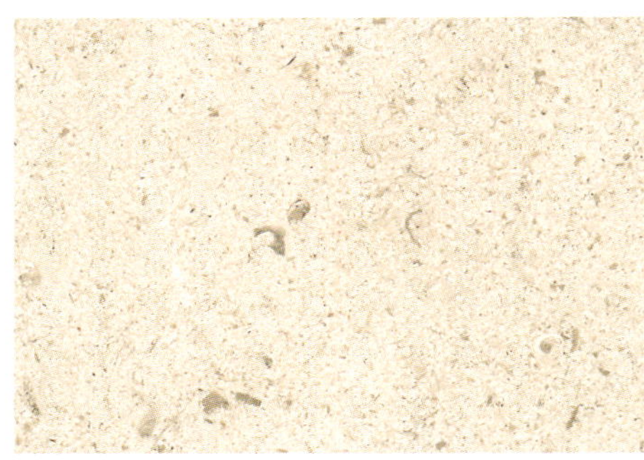

*Moleanos*
*Kalkstein, Portugal*

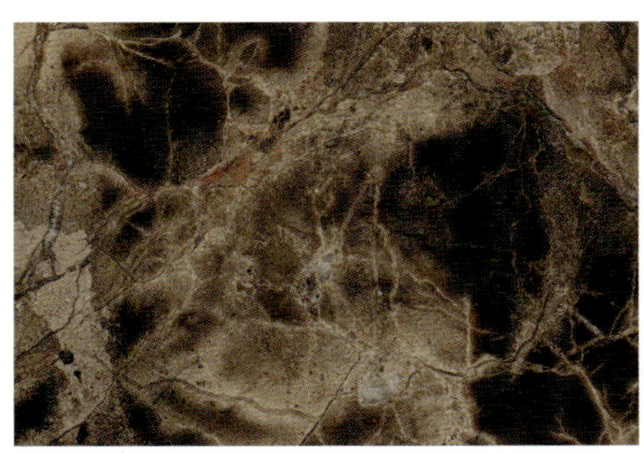

*Marrón Emperador*
*Kalkbreccie, Spanien*

*Wohnidee 32*
*Der aktuelle Braun- und Beigetrend verhilft Natursteinklassikern zu einer Renaissance.*

# Wohnträume

Wenn Architekten, Hausherren und Handwerker auf einer Wellenlänge kommunizieren, werden Wohnträume zur Wirklichkeit ...

*Wohnidee 33*
*Sitzmöbel in Massivbauweise ergänzen das einheitliche Gesamtbild.*

*Wohnidee 34*
*Für die einen ist es ein Kamin, für die anderen ein schmückender Blickfang zwischen Wohn- und Essbereich.*

*Mit der richtigen Pflege wird der Kalkstein-Bodenbelag durch eine natürliche Patina von Jahr zu Jahr schöner.*

*Mocca Creme*
*Kalkstein, Portugal*

*Wohnidee 35*
*Dekorative Edelstahleinleger verleihen jedem traditionellen Naturstein Trendcharakter.*

*Nächste Seite: Wohnidee 36*
*Sauna, Dusche und Schwimmbad wurden praktisch miteinander kombiniert. Wandhohe Duschrückwände erleichtern die Pflege.*

# Lebenslust

Wenn schon der Empfang zum Verweilen einlädt, bekommt man Lust, mehr vom Menschen zu erfahren …

*Wohnidee 37*
*Weniger der Stein, sondern die Accessoires bestimmen oftmals den Trend.*

*Wohnidee 38*
*Der Hausherr entschied sich für den ägyptischen Kalkstein, da er optimal zu den unterschiedlichen Hölzern vom antiken Wandschrank in der Diele bis zu den Badmöbeln passt.*

*Cleopatra Medium*
*Kalkstein Ägypten*

# Tradition verpflichtet

Mit der Vergangenheit bewusst umgehen und die Zukunft verantwortungsvoll gestalten, ist für manche Menschen ihr persönlicher Beitrag zur Kulturgeschichte ...

*Wohnidee 39*
*Die Kunst in der Renovierung von historischen Gebäuden ist es, modernen Wohnkomfort mit stilvollen Materialien zu erreichen.*

*Wohnidee 40*
*Mit einer Trendbadewanne wird selbst das rustikalste Bad zu einem zeitgemäßen Blickfang.*

*Wohnidee 41*
*Duschböden im Überformat mit eingefrästem Ablaufgefälle sind eine Spezialität der Verarbeiter mit CNC-Technik.*

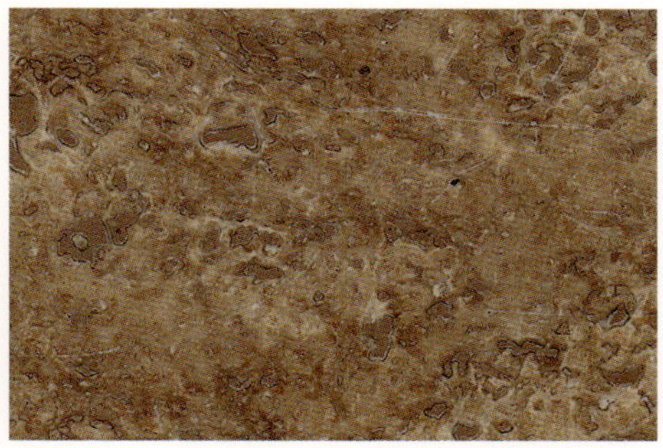

*Travertin Noce*
*Travertin, Italien*

*Graubündener*
*Serpentinit*
*Serpentinit, Schweiz*

*Nero Assoluto*
*Zimbabwe*
*Gabbro, Südafrika*

# Lichtspiele

*Lichtspiele*

Den Morgen mit einem Sonnenstrahl genießen und den Abend im Sonnenuntergang ausklingen lassen ...

*Wohnidee 42*
*Das Haus wurde nach dem Weg der Sonne geplant. Zu jeder Tageszeit ergeben sich unterschiedliche Licht- und Schattenspiele.*

*Wohnidee 43*
*Natürliche Strukturen in die Gestaltung zu integrieren, erfordert einen Weitblick bei der Auswahl des Rohstoffes.*

*Vernetzte Welten ermöglichen ein Arbeiten von zu Hause. Ein Homeoffice passt in jede Stilwelt.*

*Ruskita*
*Marmor, Rumänien*

# Teil II – Jeder Raum ein Unikat

Jeder Raum ein Unikat

*Wohnidee 44*
*Ruskita Marmor lässt durch seine kristalline Struktur dezente Lichtspiele zu.*

# Das Traumbad

Traumbäder aus 1001 Nacht
sind in allen Zeiten aus Marmor ...

*Nächste Seite: Wohnidee 45*
*Die Verarbeitung großformatiger Spiegelbilder der Natur zeichnet die Meisterklasse der Verarbeiter aus.*

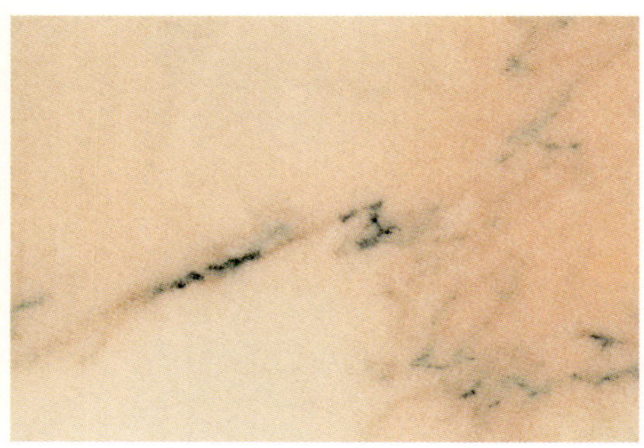

*Ruskita*
*Marmor, Rumänien*

*Wohnidee 46*
*Mit entsprechendem Hightech-Einsatz wird aus jedem Badklassiker eine moderne Wellnessoase.*
*Viele Marmorsorten können nach Belieben hinterleuchtet werden.*

# Die Wellnessoase

## Jeder Augenblick gehört der Entspannung ...

*Nächste Seite: Wohnidee 47*
*Flachbildschirme haben Einzug in fast jedes Zimmer gehalten. Die Boden- und Deckenverkleidung wurde perfekt gespiegelt.*

*Ruskita*
*Marmor, Rumänien*

*Porto Rosa*
*Migmatit, Brasilien*

# Ankommen

Ankommen

## Manche Farben laden zum Verweilen ein ...

*Wohnidee 48*
*Die zweite Farbe bestimmt in Marmorbädern das emotionale Empfinden.*

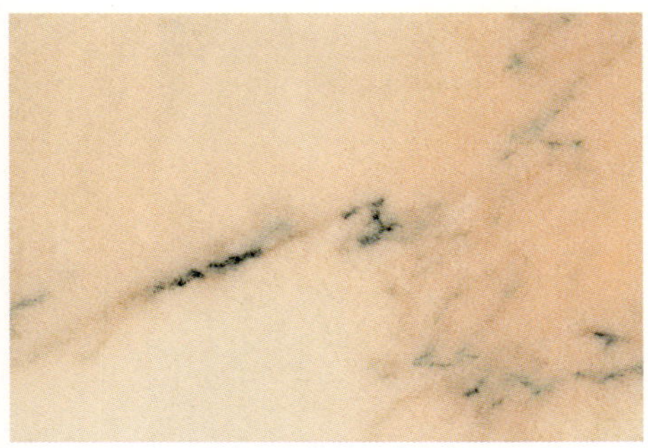

*Ruskita*
*Marmor, Rumänien*

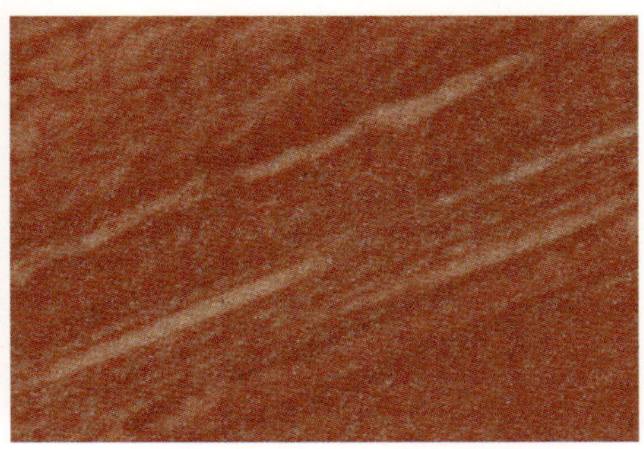

*Rosa Quarzit*
*Sandstein, Brasilien*

# Aufbruch

Manche Bäder machen Lust
auf einen unvergesslichen Abend ...

*Wohnidee 49*
*Hochwertige Profilkanten des Waschtisches machen das besondere Flair aus.*



*Ruskita*
*Marmor, Rumänien*

*Star Galaxy*
*Gabbro/Norit, Indien*

# Meeresfrische

## Eintauchen und wohlfühlen ...

*Wohnidee 50*
*Seniorengerechte Badezimmer zeichnen sich durch viele Annehmlichkeiten aus wie diese ebenerdige Dusche und der spezielle Badewanneneinstieg.*

*Azul Imperial*
*Quarzit, Brasilien*

*Ruskita*
*Marmor, Rumänien*

# Romantische Träume

Manche Menschen haben es noch nicht verlernt zu träumen ...

*Estremoz*
*Marmor, Portugal*

*Porto Rosa*
*Migmatit, Brasilien*

*Wohnidee 51*
*Eine Renaissance erleben Romantikbäder im Rahmen der Wellnessbewegung. Die Wandmalerei erinnert an einen Urlaubsaufenthalt in Italien.*

# Handarbeit

Handarbeit

## Auf kleinstem Raum können Träume Wirklichkeit werden ...

*Wohnidee 52*
*Einlegearbeiten im Bodenbelag unterstreichen das Raumkonzept dieses Traumbades.*

*Estremoz*
*Marmor, Portugal*

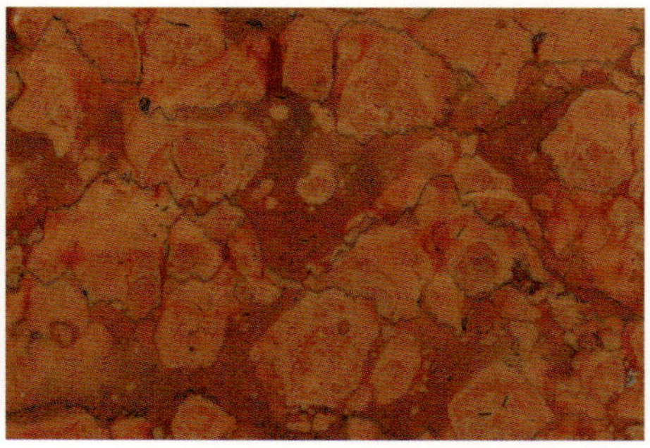

*Rosso Verona,*
*Knollenkalk, Italien*

# Das Original

## Manche Natursteine leben von ihrem Mythos: Carrara

*Carrara ist einer der bekanntesten Marmorsorten der Welt. Aufgrund der Vielzahl der Variationen empfiehlt es sich, wie bei den meisten strukturierten Materialien, das Material persönlich auszusuchen.*

*Wohnidee 53*
*Dank Wasserstrahltechnik können Bordüren jedem individuellen Lauf angepasst werden.*

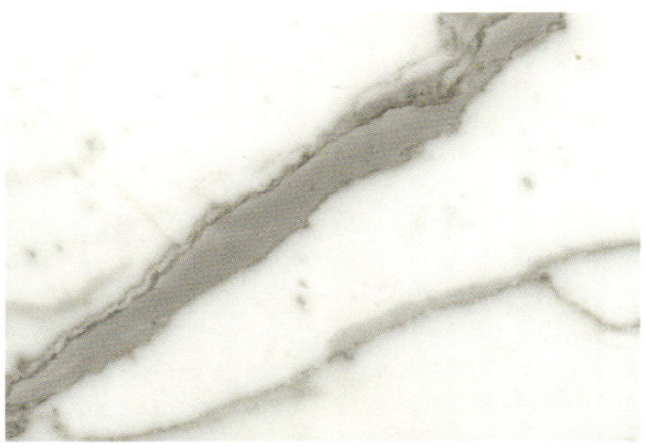

*Statuario Venato*
*Marmor, Italien*

*Nero Assoluto*
*Zimbabwe*
*Gabbro, Südafrika*

# Almrausch

Aus dem höchsten Steinbruch
der Alpen ...

*Wohnidee 54*
*Aufwendige Waschtischverzierungen aus Naturstein wurden Hand in Hand mit dem Schreiner realisiert.*

*Covelano*
*Marmor, Italien*

# Der Zauber der Natur

## Man braucht nicht in einen Urwald zu fahren, um unter einem Wasserfall zu duschen ...

*Wohnidee 55*
*Wenn die Natur ein perfektes Bild malt, sollte man versuchen, es als Ganzes zu erhalten. Eine Rohplatte reichte aus, um diesen Raum vollends zu gestalten.*

*Azul Imperial*
*Quarzit, Brasilien*

*Palissandro Classico*
*Marmor, Italien*

# Lichtblick

Lichtblick

## Die richtige Beleuchtung beeinflusst die Stimmungslage ...

*Wohnidee 56*
*Wenn Räume keine Fenster haben, können sie dennoch im Licht erstrahlen. Früher wurden Badezimmer gerne bis zur Decke gefliest. Heute geht der Trend mehr zur Kombination mit einem passenden Anstrich. Deckenhoch wird lediglich die Nasszone aus ganzen Rohplatten fugenlos gestaltet.*

*Verde Spluga Gneis, Italien*



*Thassos Marmor, Griechenland*

# Veredelung

In manchen Bädern wird Duschen zu einem Ritual ...

*Wohnidee 57*
*Je schlichter das Material, desto wichtiger sind Verarbeitungsdetails wie diese Randprofile im schneeweißen griechischen Thassos.*
*Halbhohe vollflächige Naturstein-Wandverkleidungen werden gerne mit Spachteltechniken kombiniert.*



*Thassos Marmor, Griechenland*

# Weniger ist mehr

Weniger ist mehr

## Minimalismus ist die Kunst, mit wenigem viel auszudrücken ...

*Wohnidee 58*
*Den Grundcharakter der Jugendstilvilla in das minimalistisch anmutende Badkonzept zu integrieren, war die Herausforderung an den Architekten.*

*Miros*
*Kalkstein, Türkei*

# Massive Eindrücke

*Massivarbeit*

Manchmal wird man erst durch die Verarbeitung daran erinnert, einen Rohstoff der Natur zu nutzen ...

*Wohnidee 59*
*Anspruchvolles Glas-/Spiegeldesign trifft Naturstein auf höchster handwerklicher Ebene.*

*Miros*
*Kalkstein, Türkei*

# Das Designerbad auf kleinstem Raum

Das Designerbad

Auf das absolute Duscherlebnis
braucht kein Mensch verzichten ...

*Wohnidee 60*
*Das absolute Duscherlebnis war die Anforderung an den Badplaner. Mit einer außergewöhnlichen Anordnung des Waschbeckens, der Wasserzufuhr von der Decke und Nutzung des Spiegels als Designelement wurden die Wünsche realisiert.*

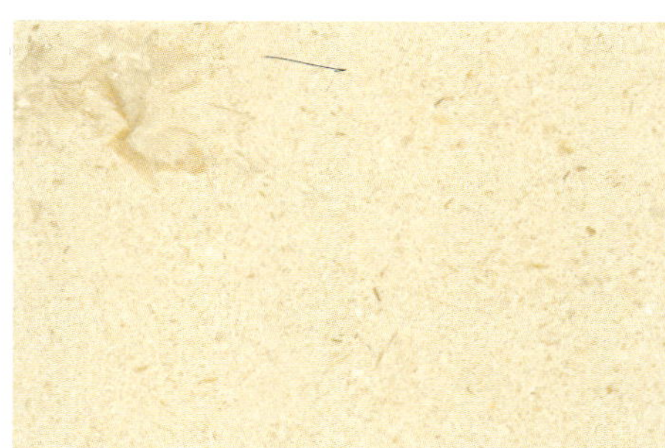

*Miros*
*Kalkstein, Türkei*

# Raumgewinn durch ein kleineres Bad

Manche Menschen verkleinern ihr Bad, um Platz für einen begehbaren Kleiderschrank zu bekommen ...

*Miros*
*Kalkstein, Türkei*

*Brown Antique*

*Wohnidee 61*
*Gesandstrahlte Elemente können nicht nur praktisch, sondern auch dekorativ sein.*

# Die Raumdusche

Manchmal ist die Natur launisch und beschert uns ein Farbenspiel innerhalb eines Blockes oder einer Rohplatte ...

*Wohnidee 62*
*Wofür eine Abtrennung, wenn das Bad zur Dusche wird. Auch kostentechnisch relativiert sich der höhere Materialeinsatz gegen den Mehraufwand für eine maßgeschneiderte Duschabtrennung.*

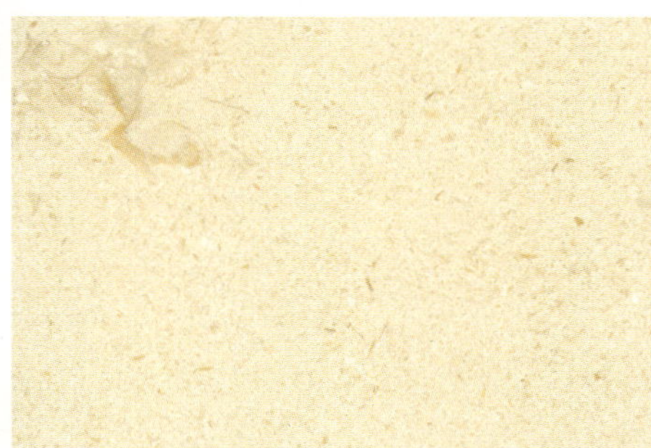

*Miros*
*Kalkstein, Türkei*

*Caesar Brown*
*Kalkstein, Tunesien*

# Stranderlebnis

Stranderlebnis

## Manche Steine wecken Erinnerungen an das letzte Stranderlebnis ...

*Wohnidee 63*
*Der Trend zur Natur wird von einigen Kunden wörtlich genommen. Die Muscheleinschlüsse im türkischen Miros und „Belgisch Granit" waren der Grund für diese Materialkombination.*

*Miros*
*Kalkstein, Türkei*

*Blaustein*
*„Belgisch Granit"*
*Kalkstein, Belgien*

# Der Fluss des Lebens

Das ganze Leben ist ein
Fluss der Energie ...

*Wohnidee 64*
*Dank Wasserstrahltechnik können sowohl individuelle Formen als auch Lichtspiele realisiert werden.*

*Miros*
*Kalkstein, Türkei*

*Velvet Green*
*Marmor,*
*Griechenland*

# Über den Dächern ...

Stadtwohnung

*Wohnidee 65*
*Verkleidungen und Lüftungsschlitze dürfen gerne als dekoratives Element in die Gestaltung einbezogen werden.*

*Golden Stone*
*Sandstein, Südafrika*

# Der exotische Badetraum

Manche Steine sind so dominant,
dass man sie zähmen muss ...

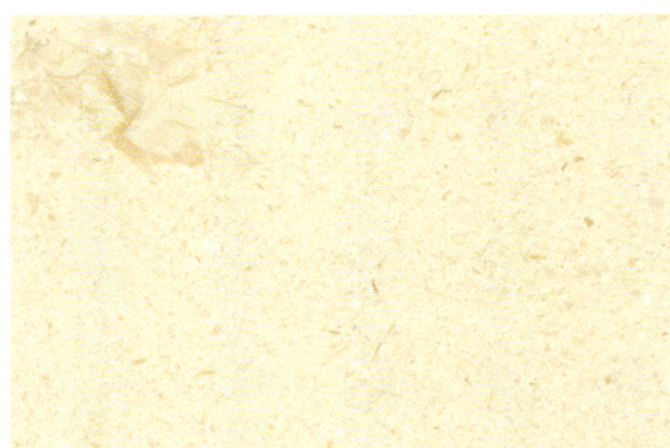

*Miros*
*Kalkstein, Türkei*

*Nero Marinace*
*Konglomerat,*
*Brasilien*

*Wohnidee 66*
*Mit einem Streifen aus dem brasilianischen Nero Marinace wurde aus dem puristisch anmutenden Bad ein exotischer Traum.*

# Das Spiel mit dem Wasser

Das Spiel mit dem Wasser

## Gefühle werden geweckt beim Berühren der satinierten Oberfläche ...

*Miros*
*Kalkstein, Türkei*

*Nero Impala*
*Gabbro, Südafrika*

*Wohnidee 67*
*Unterschiedliche Materialoberflächen, wie das polierte Becken in dem massiv wirkenden satinierten Waschtisch, sind nicht nur optisch reizvoll, sondern auch praktisch in der Pflege.*

# Der Wüstenwind

*Giallo Didone*
*Kalkstein, Tunesien*

Licht ist ein Lebenselixier und hat daher immer einen besonderen Stellenwert ...

*Azul Imperial*
*Quarzit, Brasilien*

*Wohnidee 68*
*Ein künstlich angelegter Lichtschacht mit einer auf 2 mm in Dünnschlifftechnik reduzierten Natursteinplatte ist die Zierde dieses Duschtempels.*

*Wohnidee 69*
*Jeder Raum kann zur Wellnessoase werden, wie dieser renovierte Keller. Dem Hausherren lag viel daran, die alte Bausubstanz in die moderne Gestaltung zu integrieren.*

# Römisches Bad

Traditionelle Materialien verleihen jedem noch so kleinen Bad einen großzügigen Charakter ...

*Wohnidee 70*
*Je kleiner das Bad, umso lösungsorientierter müssen die Gewerke Hand in Hand zusammenarbeiten. Genügend Stauraum bietet dieser maßgeschneiderte Waschtisch, dessen Holz entscheidend war für die Wahl des Natursteins.*

*Travertin Romano*
*Travertin, Italien*

# Das Raumwunder

## Ordnung und Orientierung bauen aufeinander auf ...

*Wohnidee 71*
*In dem relativ schmalen Badezimmer wurde die Dusche massiv abgetrennt und wirkt durch die Glasscheibe dennoch nicht beengt. Eine Pflegetuchhalterung, ein Restebehälter und eine Schublade wurden in die Waschtischfront integriert.*

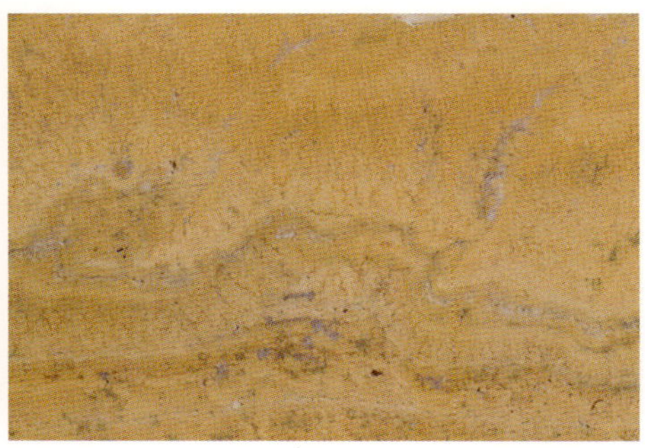

*Travertin Giallo*
*Travertin, Iran*

# Spirituelle Freiheit

Manche Badtempel laden ein zur Reinigung von Körper, Seele und Geist ...

*Wohnidee 72*
*Goldene Zeiten verkünden die Designer der Welt. Auch im Naturstein hat dieser Trend Einzug gehalten.*

*Star Galaxy*
*Gabbro/Norit, Indien*

*Cleopatra*
*Kalkstein, Ägypten*

# Das Elternbad

Das Elternbad

## Manchmal braucht man seinen ganz persönlichen Bereich ...

*Wohnidee 73*
*Hinter einer Schrankwand im Schlafzimmer verbirgt sich das Elternbad. Der Hausherr erfüllte sich diesen Herzenswunsch, damit er nicht mehr auf seine Töchter warten muss.*

*Cleopatra*
*Kalkstein, Ägypten*

# Das Kinderbad

Zeit zu sparen im Alltäglichen, ist ein Zeitgewinn für das Besondere ...

*Wohnidee 74*
*Fünfzehn Minuten Zeitgewinn und Stressfreiheit täglich rechtfertigen manche Investitionen.*

*Cleopatra*
*Kalkstein, Ägypten*

# Der italienische Traum

*Italienträume*

Urlaubsvorfreude und Erinnerungen sind genauso wichtig wie der Urlaub selbst ...

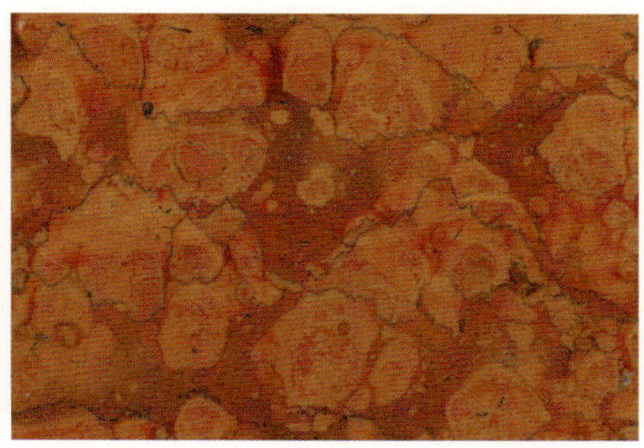

*Rosso Verona*
*Knollenkalk, Italien*

*Botticino*
*Kalkstein, Italien*

*Wohnidee 75*
*Die beheizten Stufen dienen auch als Sitzfläche im Bad.*

# Farbharmonie

*Wohnidee 76*
*Eingesetzte Ablagefächer in der Dusche bieten genügend Platz für Waschlotion und persönliche Accessoires.*

*Cafe Imperial*
*Syenit, Brasilien*

*Botticino*
*Kalkstein, Italien*

# Mit sieben Sinnen

Schiefer verführt durch seine natürliche spaltraue Haptik ...

*Wohnidee 77*
*Die Bruchsteinmauer gibt dem Bad einen rustikalen Charakter. Lichtspiele setzen das Bad nachts in Szene.*

*Burgundy*
*Schiefer, Brasilien*

# Erdverbundenheit

Erdverbundenheit

Dem Material sieht man auf den ersten Blick an, dass es von Hand gespalten wurde ...

*Jaddish*
*Schiefer, Brasilien*

*Wohnidee 78*
*Die Trendfarbe Grau wird nicht nur im „jungen Wohnen" gerne mit dem brasilianischen Schiefer realisiert. Das Original ist oftmals günstiger als die Imitation. Das Schiefermosaik lockert die puristische Anmutung auf. Großformatige Wandverkleidungen können jeder Form angepasst werden.*

*Mustang*
*Schiefer, Brasilien*

*Wohnidee 79*
*Basaltgesteine sind die natürliche Antwort auf das graue Betondesign. Mit einer Ankertechnik aus dem Fassadenbau konnte selbst der Duschhimmel in Basaltina inszeniert werden. Das Wasser verschwindet seitlich in Ablaufrinnen.*

# Ritual Architektur

Um Ruhe zu finden, braucht es einen Raum, der sich zurücknimmt ...

*Nächste Seite: Wohnidee 80*
*Eine hinterleuchtete Lackspanndecke bringt eine Anmutung von Tageslicht in das Bad.*

*Basaltina*
*Basalt, Italien*

# Design trifft Klassik

Innovation trifft Tradition in einem
der ältesten Gebäude der Stadt ...

*Wohnidee 81*
*Der Farbtrend Schwarz/Weiß wurde mit einem polierten schwarzen Hartgestein exklusiv interpretiert.*
*Die Waschtischgruppe wurde der Form des gegenüberliegenden Erkers angepasst. Die Duschrückwand ist aus praktischen deckenhohen Rohplatten.*

*Nero Assoluto*
*Zimbabwe*
*Gabbro, Südafrika*

# Funktionalität und Ästhetik

Wenn die Kinder ausziehen, fängt oftmals ein neues Leben an ...

*Wohnidee 82*
*Um Platz für den Whirlpool und eine Erlebnisdusche zu schaffen, wurden zwei Räume miteinander verbunden.*

*Kashmir White*
*Granulit, Indien*

# Monumental

Manchmal inspiriert alleine die Raumhöhe zu monumentalen Lösungen ...

*Wohnidee 83*
*Barrierefreies Wohnen heißt, sich auf die konkreten Wünsche und Bedürfnisse des Einzelnen einzustellen. In diesem Bad kann die Dusche ebenerdig befahren werden.*

*Bahama Blue*
*Gneis, Indien*

*Nero Assoluto*
*Zimbabwe*
*Gabbro, Südafrika*

*Pflegeleichter kann ein Bad nicht sein. Die großformatigen Bodenplatten sowie Wandverkleidungen aus ganzen Rohplatten bieten dem Schmutz keinen Halt.*

# Das Gästebad

## Alle Trends auf kleinstem Raum voll getroffen ...

*Wohnidee 84*
*Auf rund drei Quadratmeter realisierten die Hausherren ein perfektes Natursteinbad mit allen Annehmlichkeiten.*

*Kinawa*
*Migmatit, Brasilien*

# Brasilianisches Temperament

Wann sind Sie das letzte Mal barfuss durch ein Flussbett gelaufen ...

*Wohnidee 85*
*Ein Sichtschutz schirmt elegant Toilette und Bidet von der Bad- und Wellnesszone ab.*

*Verde Marinace Konglomerat, Brasilien*

# Genusskultur

Es ist kein Zufall, dass manche Bäder die Lebensfreude ihrer Besitzer ausstrahlen ...

*Wohnidee 86*
*Schrankverkleidungen aus Naturstein können nur individuell angefertigt werden, da sowohl die Grundkonstruktion, als auch alle beweglichen Elemente auf das höhere Gewicht ausgerichtet werden müssen.*

BLUSH

*Wohnidee 87*
*Dusche und Badewanne gehen ineinander über. Die Glasrückwand der Badewanne kann nach Belieben entfernt werden.*

*Basaltina*
*Basalt, Italien*

*Mustang*
*Schiefer, Brasilien*

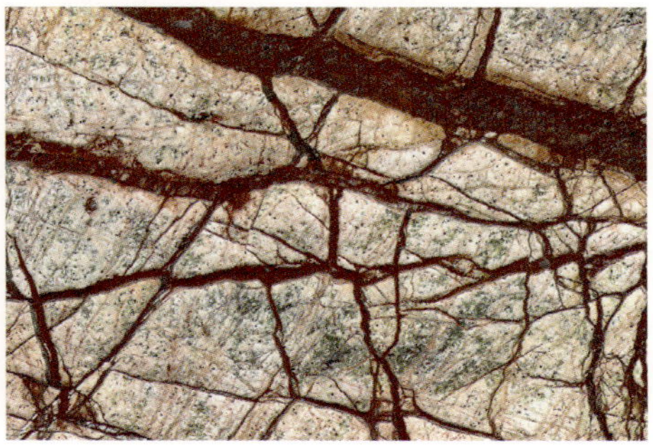

*Rainforest Brown*
*Serpentinit, Indien*

# Das private Fitnesscenter

## Gesundheit ist das höchste Gut auf Erden ...

*Wohnidee 88*
*Der Waschtisch und das Tauchbecken wurden massiv im Kalkstein „Belgisch Granit" hergestellt. Gerade bei heimatnahen Steinbrüchen findet man regional Verarbeiter, die sich auf diese spezielle Produktion eingestellt haben.*

*Solnhofener Kalkstein, Deutschland*

*„Belgisch Granit" Kalkstein, Belgien*

*Jerusalem Gold Kalkstein, Israel*

# Lebensraum Küche

Manchmal ist es einfach nur schön, anderen beim Kochen zuzuschauen ...

*Wohnidee 89*
*Tropfrillen in der Arbeitsplatte können ergänzend oder alternativ zu einer Tropffläche eingesetzt werden.*

*Brown Antique*
*Anorthosit, Angola*

# Vorfreude

## Wenn schon die Vorbereitung zum Genuss wird ...

*Wohnidee 90*
*Hochwertige Natursteinarbeiten erkennt man daran, dass flächenbündige Ceranfelder in den Stein eingefräst werden.*

*Ivory White*
*Gneis, Indien*

*Cafe Imperial*
*Syenit, Brasilien*

# Das Urlaubsdomizil

Warum im Urlaub auf seinen gewohnten Komfort verzichten ...

*Wohnidee 91*
*Manche Steine kommen dem Aussehen von Holz sehr nahe und werden dort alternativ eingesetzt, wo eine entsprechende Härte des Materials gefordert wird.*

*Luna Marrón*
*Sandstein, Indien*

# Kochgenuss

## Gemeinsam genießen fängt bei der Zubereitung an ...

*Wohnidee 92*
*Die Länge der Arbeitsplatte ist echt. Der massive Charakter wurde durch eine saubere Verklebung von 3 cm starken Rohplatten erreicht.*

*Nero Impala*
*Gabbro, Südafrika*

# Die ersten Sonnen-strahlen genießen

*Sonnenlicht*

Die ersten Sonnenstrahlen genießen, gemeinsam zu frühstücken und sich an der Natur zu erfreuen sind die besten Voraussetzungen für einen schönen Tag ...

*Wohnidee 93*
*Tropfflächen können in allen gewünschten Variationen erstellt werden, wie das Beispiel im brasilianischen Granit zeigt.*
*Im Wintergarten verstärkt die gebürstete Oberfläche des Kalksteins das Gefühl, im Außenbereich zu sitzen.*

*Delicatos CM*
*Granit, Brasilien*

*Pietra Piasentina*
*Kalkstein, Italien*

# Lichteffekte

## Spiele mit dem Licht sind ein Blickfang für jedes Zimmer ...

*Arco Iris*
*Onyx, Mexiko*

*Mustang*
*Schiefer, Brasilien*

*Wohnidee 94*
*Mit Stahlträgern in der Verlängerung wurde der schwebende Charakter der Schieferarbeitsplatte erreicht.*

*Transluzente Natursteine wie dieser Onyx, entfalten ihre ganze Schönheit, wenn sie hinterleuchtet werden.*

# Das Urgestein

## Heimischer Naturstein in formvollendeter Perfektion ...

*Wohnidee 95*
*Um den Charakter des Urgesteins zu unterstreichen, wurde die Arbeitsplatte mit einer bossierten (geschlagenen) Kante versehen.*

*Jura Gelb*
*Kalkstein,*
*Deutschland*

# Landpartie

Landpartie

## Wohnen auf dem Lande verändert Menschen von Grund auf ...

*Aus einem schwarz/weißen Designer-Apartment zog der Hausherr auf einen Bauernhof und veränderte mit einem Schlag sein Leben und seinen Einrichtungsstil.*

*Wohnidee 96*
*Es sind die kleinen Details, die das Auge entzücken, wie diese Messerhalterung, die mit einem einfachen Sägeschnitt realisiert wurde.*

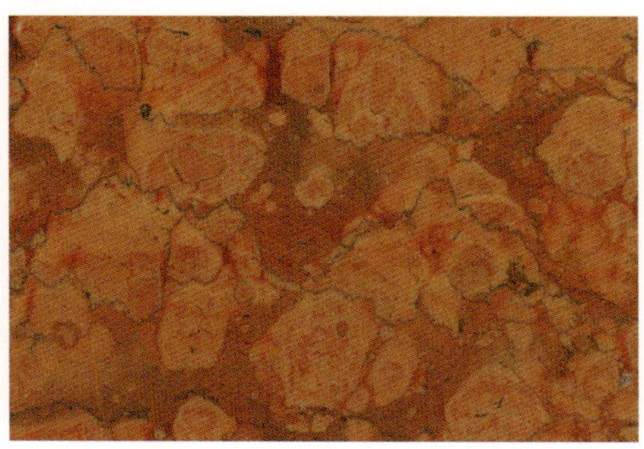

*Rosso Verona*
*Knollenkalk, Italien*

# Die Welt ist rund

Formschön

Wer sagt eigentlich, dass Küchen geradlinig sein müssen ...

*Cleopatra Medium*
*Kalkstein, Ägypten*

*Baltic Brown*
*Granit, Finnland*

*Wohnidee 97*
*Großformatige Rohplatten mit Durchschnittsmaßen von 1,80 x 3 m Größe ermöglichen individuelle Formen der Küchenarbeitsplatten.*

# Kochduell

## Kochinseln laden ein zu zweit zu kochen ...

*Wohnidee 98*
*Hartgesteine gelten als wärmeunempfindlich. Dennoch sollte man keine heißen Töpfe direkt auf die Arbeitsplatte stellen. Das Beispiel zeigt, wie attraktiv Ablageflächen gestaltet werden können.*

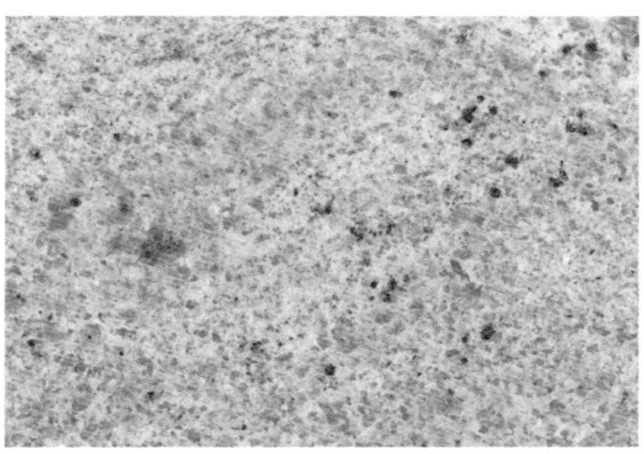

*Ivory White*
*Gneis, Indien*

# Massivoptik

Wer sich gerne Gäste zum Kochen einlädt, schaut lieber in den Raum als vor eine Wand ...

*Wohnidee 99*
*Die massive 4 cm Optik wird bei dieser Küche durch eine perfekte Klebung von 2 cm Rohplatten erreicht. Diese Technik wird meistens angewandt, wenn die Rückwand aus dem gleichen Naturseinblock gefertigt werden soll, wie die Arbeitsplatte.*

*Aurora*
*Migmatit, Finnland*

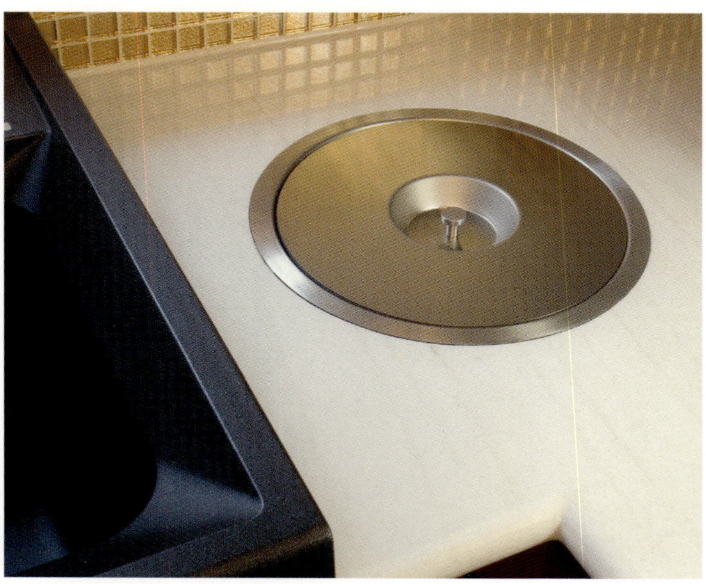

# Nahe am Diamanten

*Quarzit*

In einer Maßküche zählt nur ihr persönlicher Geschmack ...

*Wohnidee 100*
*Versteckte Steckdosen oder integrierte Abfallbehälter sind Annehmlichkeiten einer Maßküche.*

*Branco Quarzit*
*Quarzsandstein,*
*Brasilien*

# Teil III – Die ganze Welt des Natursteins

Die ganze Welt des Natursteins

# Das Europalager für Naturstein & Quarz

Das Europalager

Man muss nicht um die Welt reisen, um sich einen Eindruck von der Natursteinvielfalt zu verschaffen. Alleine das deutsche Naturstein-Archiv in Wunsiedel hat über 4.500 internationale Steine in seiner Sammlung. Zeitgleich mit dieser Buchveröffentlichung wird durch den Ebner Verlag diese Datensammlung unter www.natursteinonline.com erstmals der Öffentlichkeit im Internet frei zugänglich präsentiert. Für den Fachbetrieb wird diese Plattform eine wichtige Informationsquelle für die technischen Eigenschaften der Steine sein. Für den Verbraucher sind jedoch Internetportale kaum geeignet, den richtigen Stein zu finden. Zum einen können sie nur einen groben Eindruck für die Gesteinsart vermitteln und zum anderen sagen sie nicht aus, welche Steine wann und wo in welcher Bearbeitungsart erhältlich sind und welche Eigenschaften sie im Zusammenwirken mit anderen Stoffen haben. Projekte, wie sie in diesem Buch aufgezeigt werden, können nur über den Fachhandel und Verarbeiter realisiert werden, die sich auf den gehobenen Innenausbau spezialisiert haben und im ständigen Dialog mit den benachbarten Gewerken sind. Zu unterschiedlich sind die Produkte und Wünsche der Kunden, die Vorstellungen von Qualität und Ästhetik und nicht zuletzt die Gegebenheiten auf einer Baustelle, als dass man Naturstein in ein Raster packen könnte.

Ebenso sind die Dimensionen und Gewichte der Steine einer der Gründe, warum sich nur wenige Firmen an diesen einzigartigen Werkstoff der Natur heranwagen. Rohplatten sind in der Regel vier bis sechs Quadratmeter groß und wiegen in einer Stärke von 2 cm im Durchschnitt 60 kg $m^2$.

Wer sich einen repräsentativen Eindruck von den Natursteinmöglichkeiten machen möchte, sollte einen Besuch bei Deutschlands größten Natursteinimporteur Rossittis einplanen. Im Hauptsitz in Holzwickede werden über 450 Natursteine auf rund 50.000 $m^2$ Hallenfläche zur Schau gestellt. Dass die Verkäufe zur Hälfte in

Natursteinfliesen und zur anderen Hälfte in Rohplatten aufgeteilt sind, ist kein Zufall. Der Unternehmensgründer Gerhard Rossittis schwört seit vielen Jahrzehnten auf den konsequenten Vertrieb über regionale Natursteinverarbeiter. Sie sind in der Lage auf die Wünsche der Kunden einzugehen und Arbeitsplatten, Treppen, Boden- und Wandverkleidungen passend zu den Bodenfliesen herzustellen. Sie bieten auch den Service vom Aufmaß bis hin zur Montage und Einweisung in die richtige Pflege der Materialien. Die meisten, der in diesem Buch abgebildeten Natursteine, wurden von den Bauherren persönlich in der Rossittis Zentrale in Holzwickede oder den Filialen in Brinkum oder Walldorf ausgesucht und dann vom Verarbeiter individuell weiterverarbeitet.
Unterscheidet der Volksmund im Wesentlichen zwischen Granit und Marmor gibt es eine Vielzahl von geologischen Bezeichnungen, die dem Fachbetrieb Aufschluss geben, wie der Stein gelagert, verarbeitet, verlegt und gepflegt werden soll. Auf die einzelnen Unterschiede einzugehen, würde den Umfang dieses Buches sprengen. Gerne geben Ihnen zum Beispiel die aufgeführten Fachbetriebe der Seiten 268 und 269 eine Auskunft über die Eigenschaften der Steine und beraten Sie ausführlich in Ihrem Bauprojekt. Wir haben bewusst auf eine Zuordnung der Verarbeiter und Architekten zu den einzelnen Objekten verzichtet, da dieses Buch in erster Linie dem Naturstein gewidmet ist und die genannten Firmen alle Stilrichtungen bedienen. Auf den nachfolgenden Seiten sind 320 Steine aus dem Rossittis Sortiment abgebildet, um noch mehr Lust auf Naturstein zu entfachen.

ROSSITTIS
NATURSTEIN-IMPORT

# Materialverzeichnis

*Natursteine*

# Materialverzeichnis

*Natursteine*

Benjamin Grey Antik

Dorsaf Antik

Botticino Antik

Verde Issorie Antik

Rosa Perlino Antik

Bianco Perlino Antik

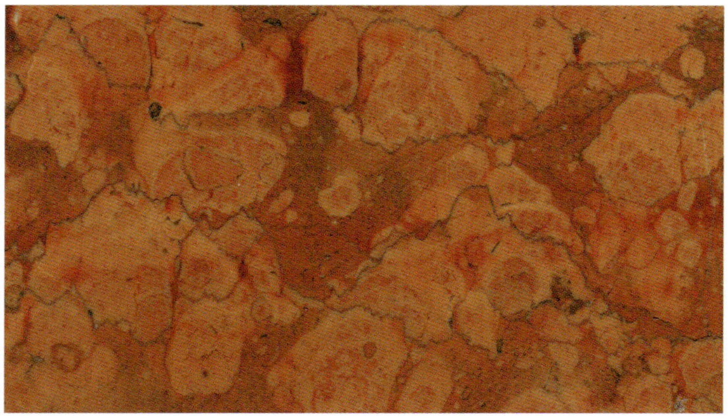
Rosso Asiago/Verona

Botticino

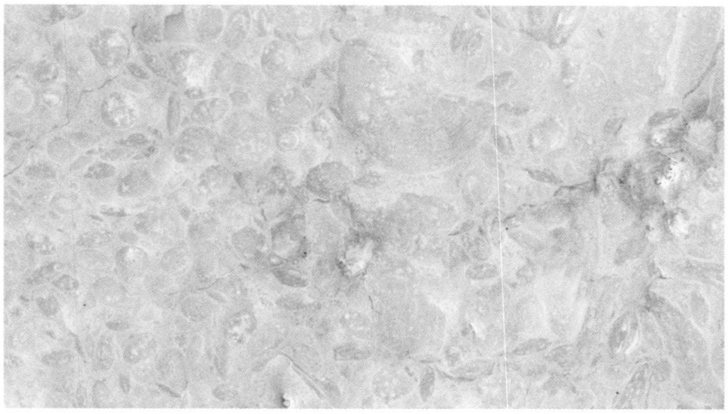

Cleopatra Light Antik

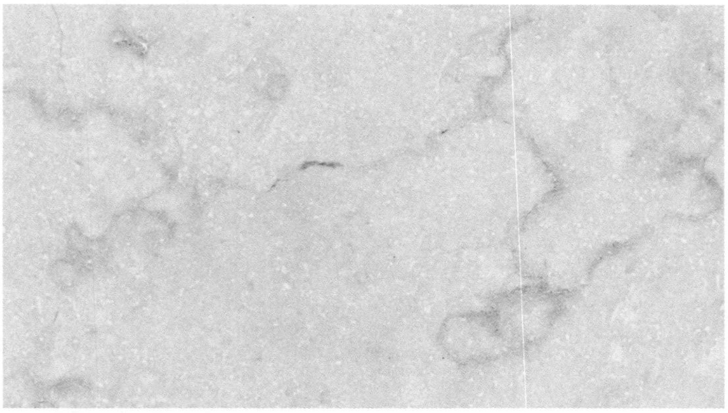

Cleopatra Medium Antik

Cleopatra Creme Antik

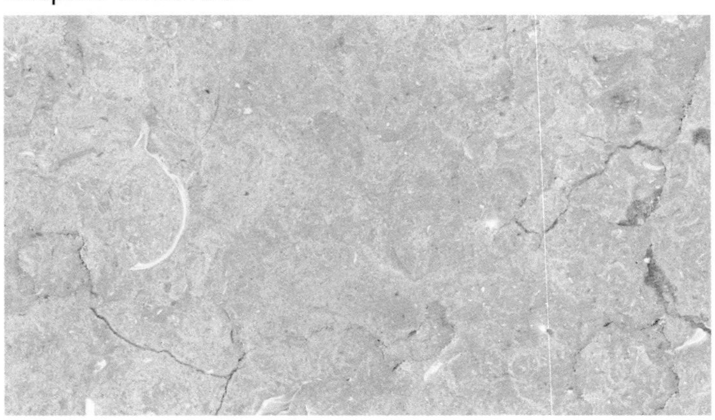

Jerusalem Stone Antik

Perlato Indonesia

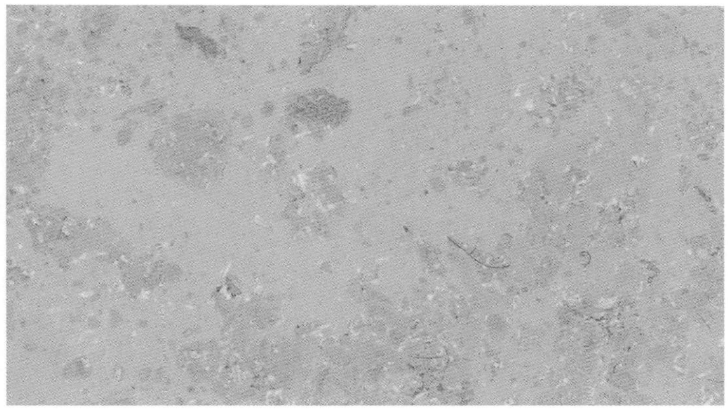

Jura Gelb

Jura Grau

Jura Gelb gebändert

Crema Marfil

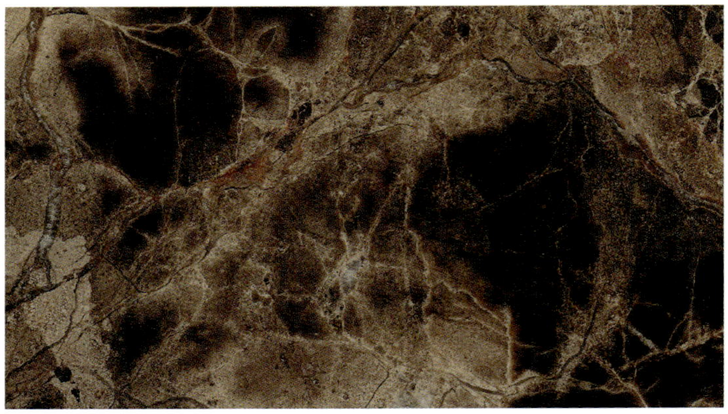

Marrón Emperador

Billiemi

Mocca Creme

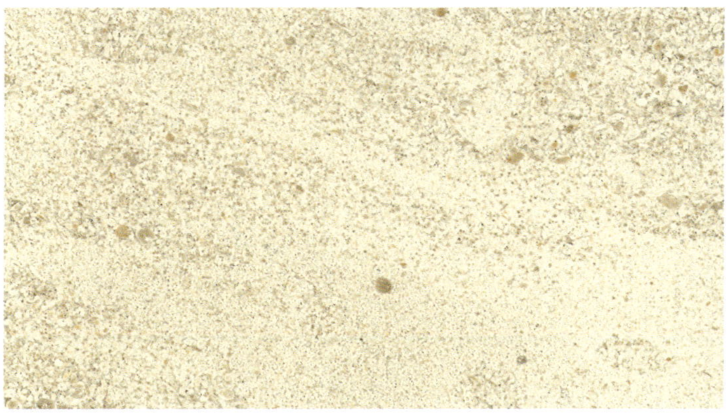

Mocca Creme Fine Grain

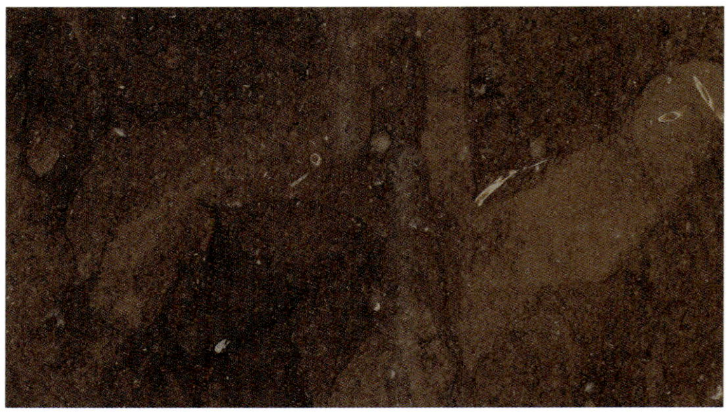

Caesar Brown

Azul Valverde

Richeval

Giallo Didone/Samarcanda

Belphegor

Vallaingis Jaune

Balzac

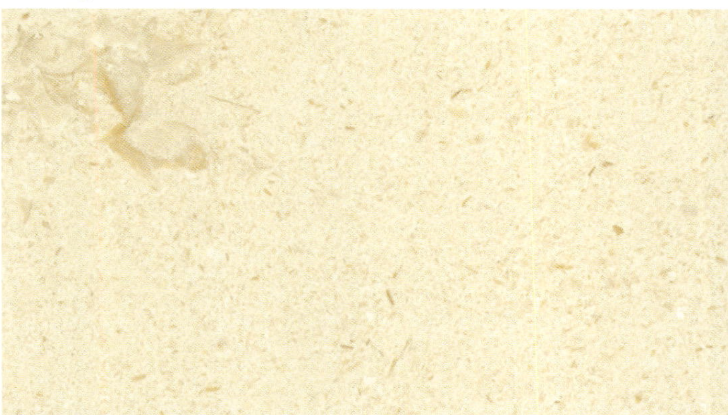
Miros Typ Myrddin

Ombra di Caravaggio

Pietra Castello

BV Light

Travertin Scabas Antik

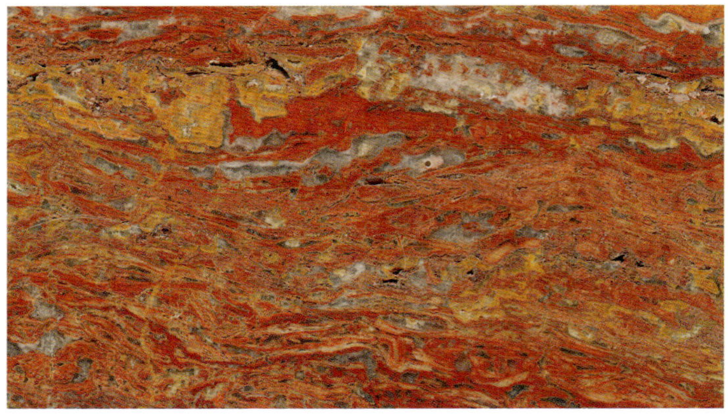

Travertin Rosso Persia

Travertin Romano ungespachtelt + poliert

Travertin Romano gespachtelt + poliert

Travertin Earl Grey (Travertin Silver)

Travertin Giallo Persia

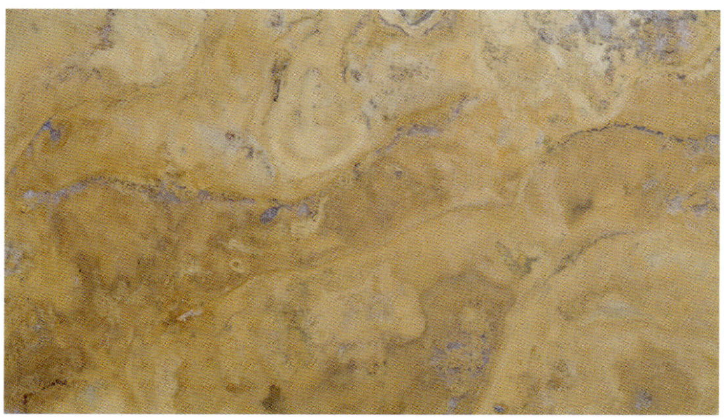

Giallo Noce

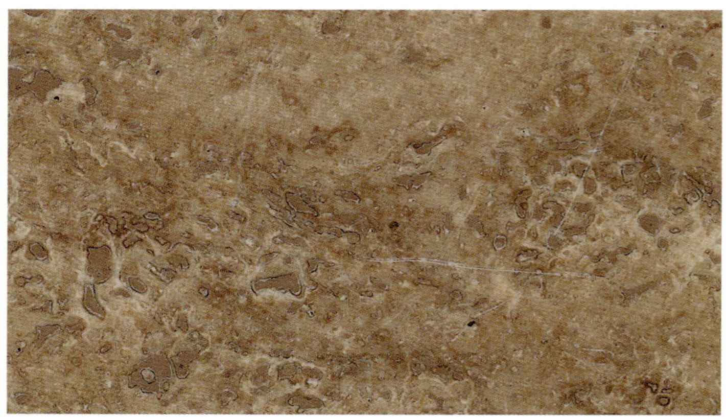

Travertin Noce

Belgisch „Granit“

Nero Kavala

Verde Caipirinha

Perlato Royal

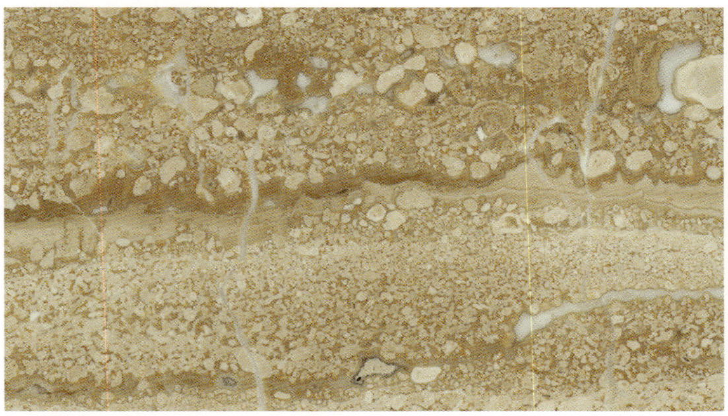
Daino Reale

Grigio Carnico

Super White

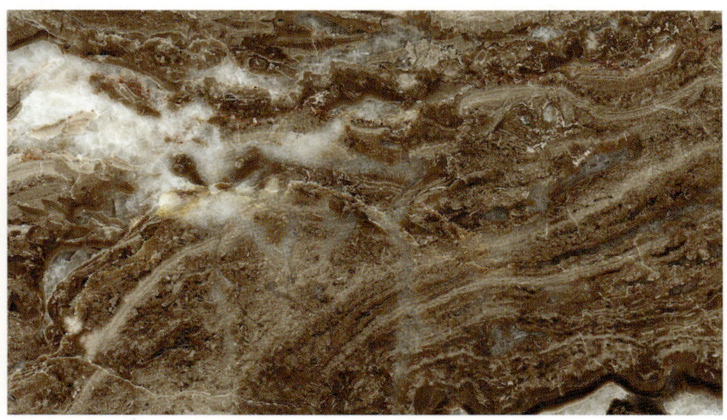
Napoleon Grand Melange

Ruskita

Ruskita

Ruskita

Ruskita

Estremoz

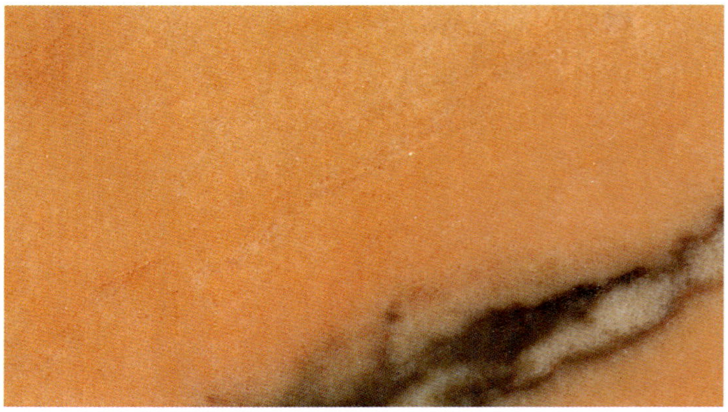
Estremoz

Estremoz

Estremoz

Bianco Carrara CD

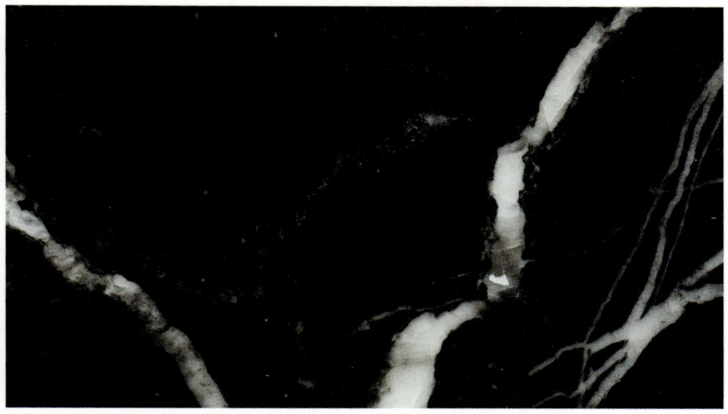
Nero Marquina

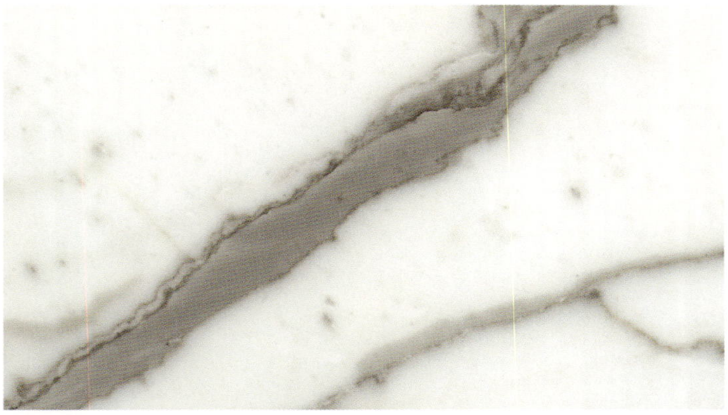
Statuario Venato

Bianco Carrara C

Bardiglio Imperiale

Bianco Venatino

Arabescato Cervaile

Covelano Oro

Thassos

Bianco Sivec

Hadrian



Thassos Extra

Azul Marinho



Branco Brasil



Namibia White

Alabama White

Rosa Bellissimo

Palissandro Bluette Chiaro

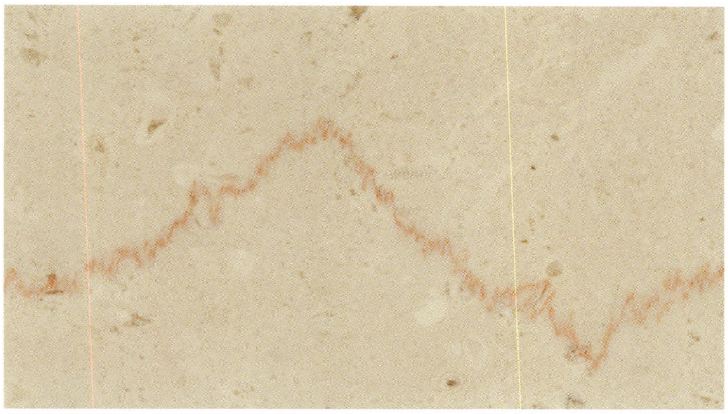
Trani Fiorito

Palissandro Classico

Trigaches Vergado

Astir

Pietra Grigio

Cioccolato

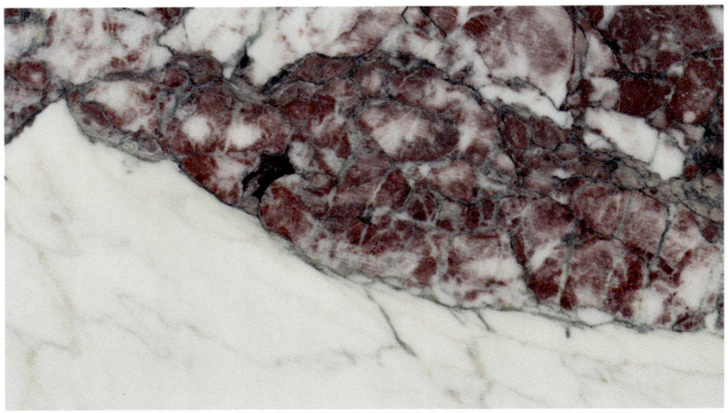

Fior di Paonazzo

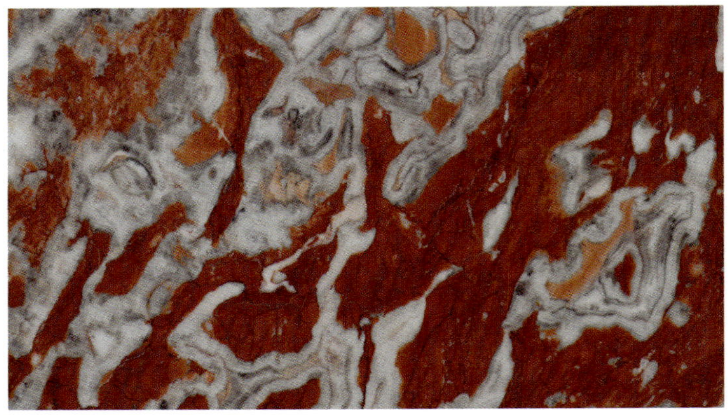

Rosso Francia

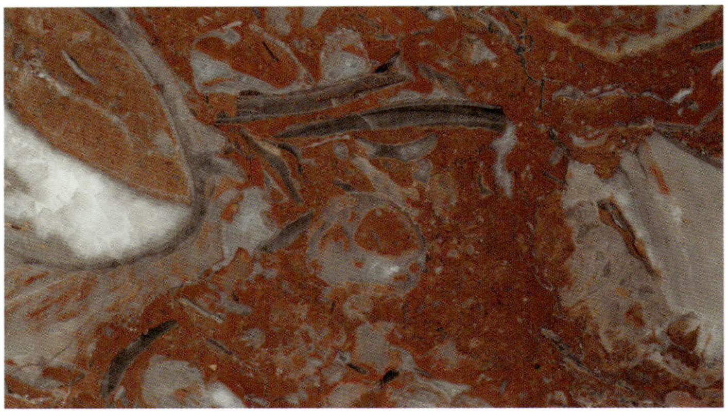

Rosso Bilbao

Rosso Lepanto

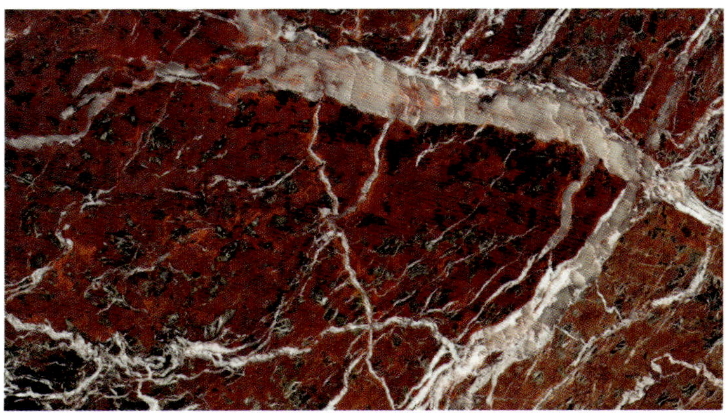

Rosso Levanto

Salome

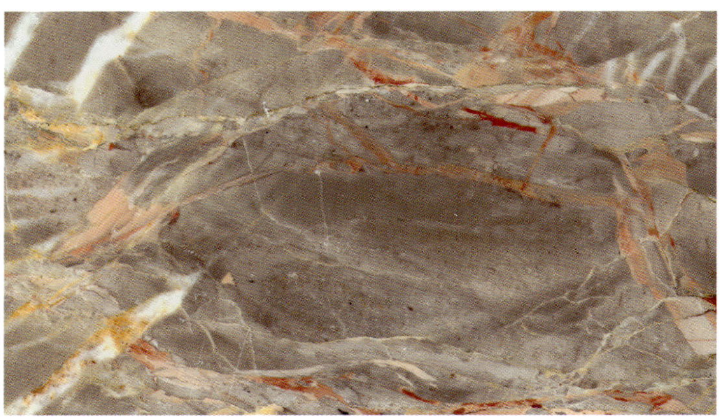

Breccia di Versailles

Sarrancolin

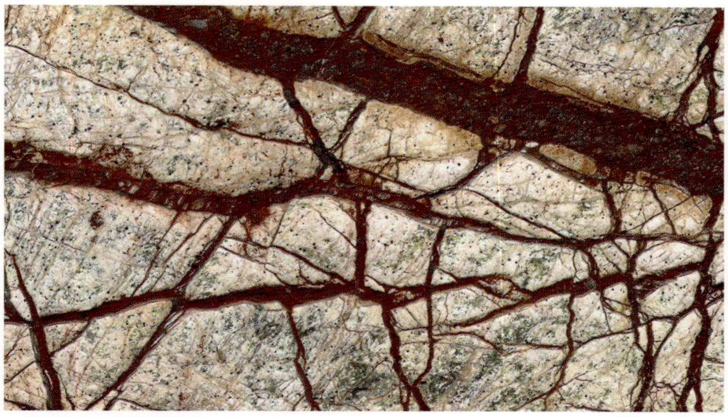
Rainforest Brown

Rainforest Green

Verde Forest

Portoro

Portoro

Black & Gold

Saint Laurant

Nero Tunisia

Onyx Bianco

Onyx Bianco Gold

Onyx Turchese

Onyx Rosa

Onyx Arco Iris

Onyx Fantastico

Onyx Tanazia

Onyx Fuoco

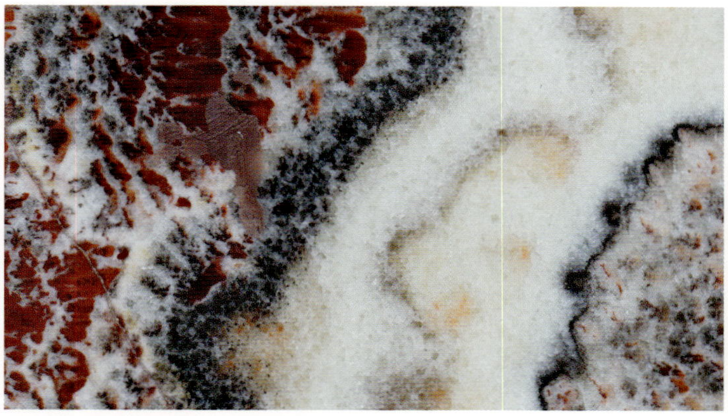
Onyx Vulcano

Onyx Noisette

Onyx Travertin Iran

Onyx Royal

Onyx Verde Dark

Onyx Lemon

Onyx Smeraldo

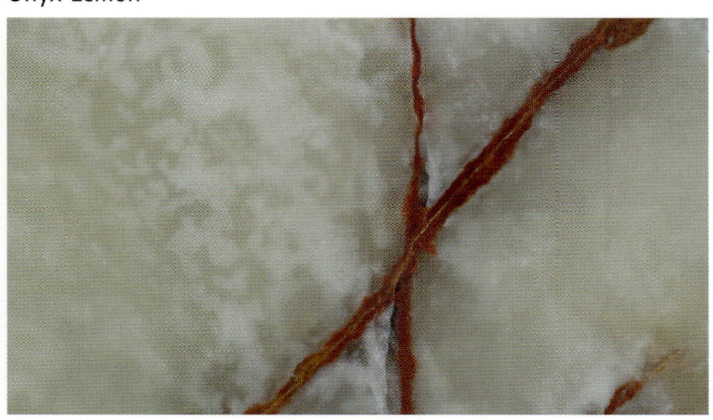
Onyx Verde Light

Baltic Brown

Mondariz/Crema Julia

Rosa Beta

Baltic Red

Baltic Blue

Rosa Ghiandone/Limbara

Bianco Sardo

Rosso Balmoral

Rosa Porrino M

Steel Grey

Azul Noche

Azul Cristal

Monterosa

Sarizzo

Bianco Tarn

Azul Platino

Super Grey/Windsor Grey

Blanco Diamante

Blanco Cristal

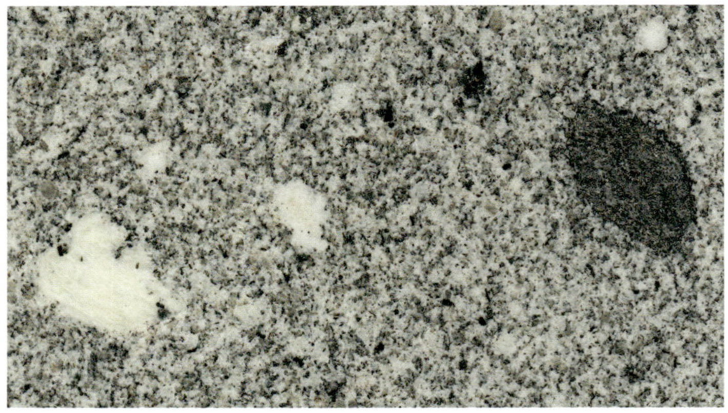

Cinza Grey

Padang Rosa Beta TG-48

Padang Basalt Black TG-41

Padang Tiger Pink TG-30

Padang Tiger Red TG-117

Padang Dunkelgrau TG-36

Padang Hellgrau TG-33

Padang Giallo TG-39

Padang Absolute Black TG-53

Padang Cristallo TG-34

Padang Lillac Rose TG-78

Padang Impala TG-90

Padang Bianco Sardo TG-67

Krishna Black

Viscont White

Silver Cloud

Nero Assoluto India

Nero Assoluto Zimbabwe

Meera White

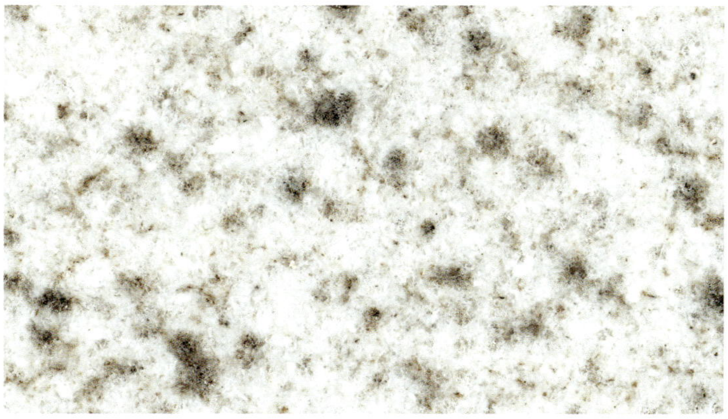
Bethel White

Impala Scuro

Nero Angola

Duke White

Samba White

Stargate

Rustenburg

Bianco Antico

Panna Fragola

Impala MK

Ivory Brown Shivakashi

Ivory Fantasy

Ivory Royal

Kashmir Gold Scuro

Juparana Colombo

Juparana India

Samantha / Orissa Blue

Bahama Blue

Ivory White

Star Galaxy

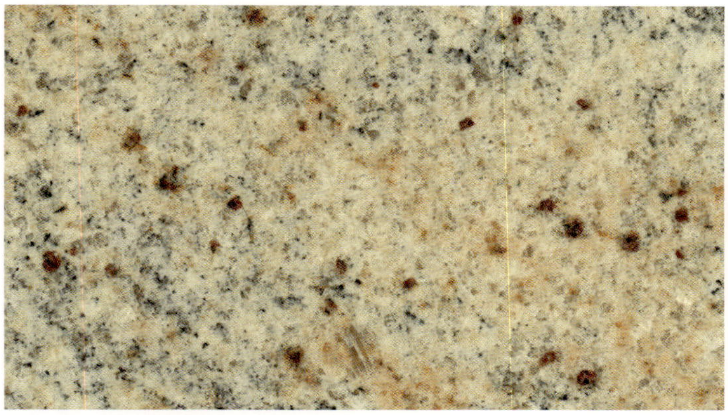

Kashmir Gold Chiaro

Kashmir White

Imperial White

Tan Brown

Paradiso Chiaro

Paradiso Scuro

Multicolor Guayana

Ouro Brasil

Giallo Veneziano

Multicolor Red India

Kinawa

Giallo Vitoria

Giallo SF Reale

Multicolor Red Funil

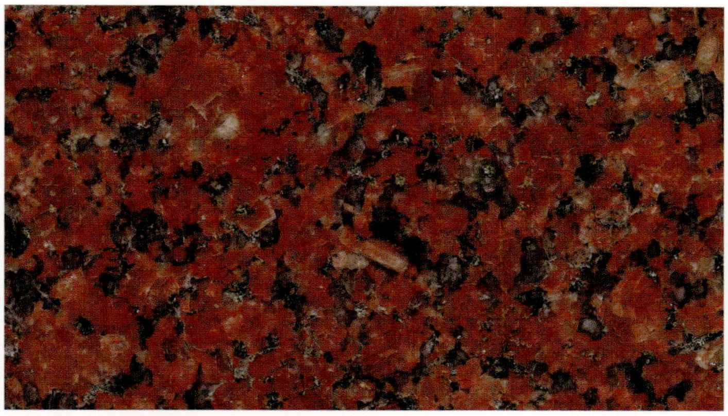
New Imperial Red

Giallo California

Juparana Fantastico

Lilla Gerais

Tiger Red

Juparana Classico

Atlantic Yellow

Jacaranda da Bahia

Acapulco Red

Aurora Finnland

Salisbury Pink

Rosso Perla India

Jandira Especial

Himalaya Blue

Mahogany Dakota

Mahogany India

Violetta

Amazon Flower

Narjan Brown

Amazon Star

Ocre Itabira

Ice Blue

Butterfly Green

Butterfly Blue

Verde St. Tropez

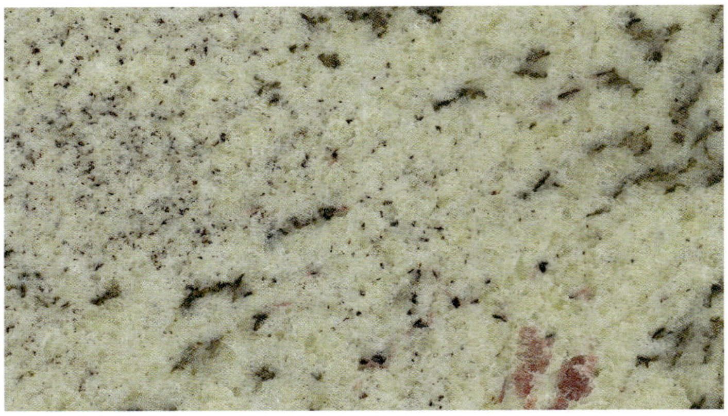
Verde Eucalypto

Verde Tropical

Verde Gloria

Nero Verde

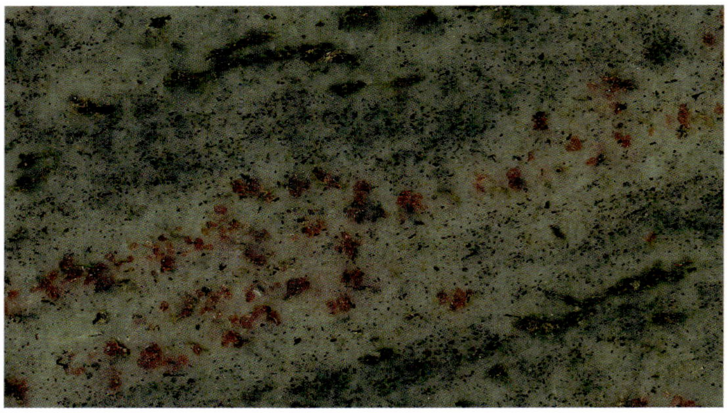
Imperial Green

Verde Maritaca

Artic Green

Surf Green

Dorato Valmalenco

Velvet Green

Soft Green

Multicolor Green / Verde Marina

Andeer

Verde Spluga

Verde Lapponia

Azul Aran

Azul Bahia

Blue King

Flash Blue

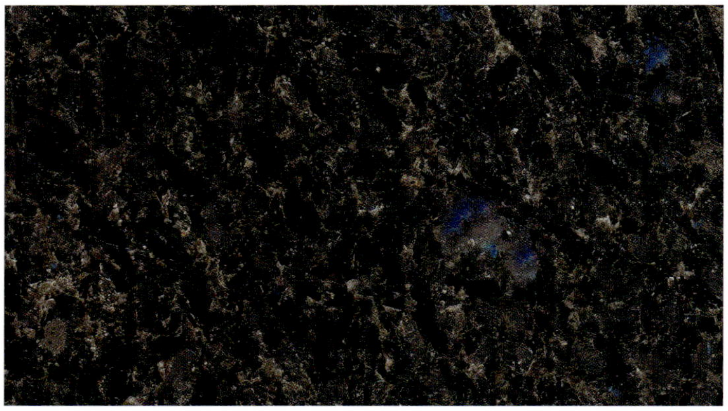
Blue in the Night

Blue Black

Ametista

Venetian Blue

Porto Rosa

Porto Branco

Tropical Black

Porto Branco Chiaro

Tempest Black

American Black / Virginia Mist

Marlyn Blue

Azul Galactico

Labradorite Blue River

Labradorite Lemourian

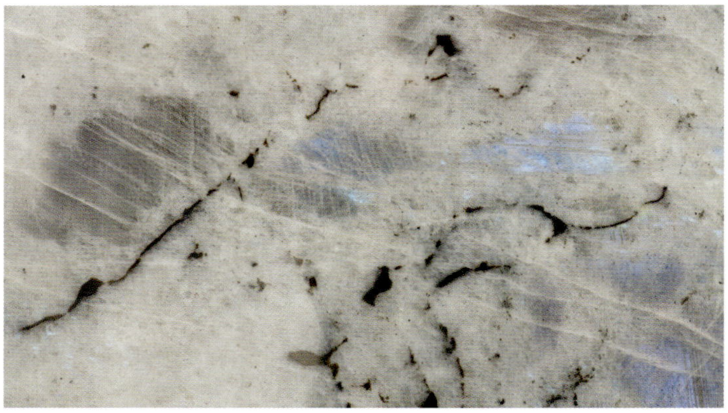
Labradorite White

Blue Eyes

Brown Antique

Verde Ubatuba/Veneziano

Cafe Imperial

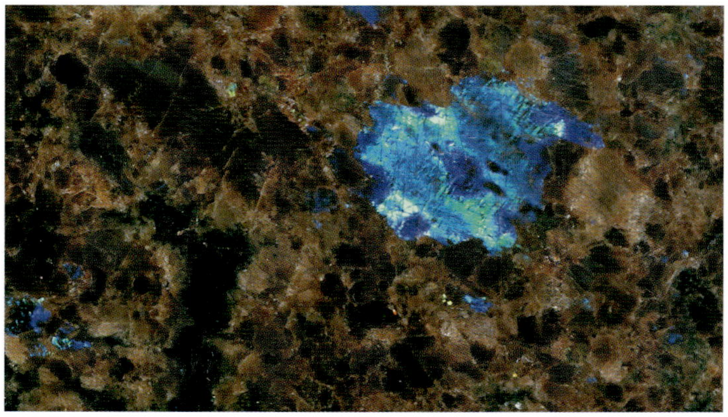
Labrador Antik

Wolga Blue

Labrador Scuro

Labrador Blue GT

Iron Black

Rosso Fiorentino

Iron Red

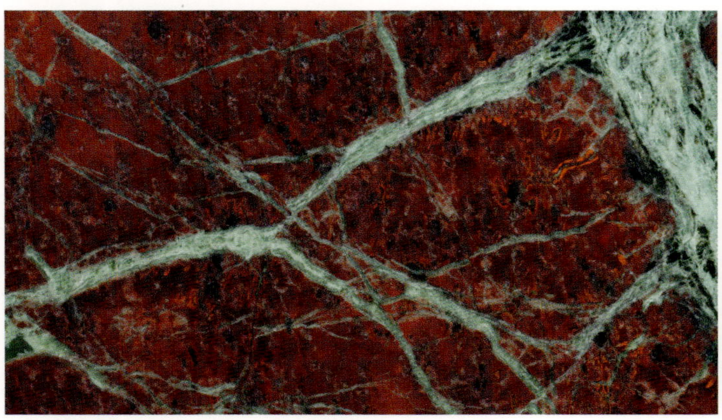
Moulin Rouge

Rouge Matisse

Verde Abrolhos

Capolavoro

Bordeaux

Magma Bordeaux

Mascarello

Delicatos CM

Four Seasons

Gran Delicatos

Vitoria Regia

Oak Bamboo

Yellow Bamboo

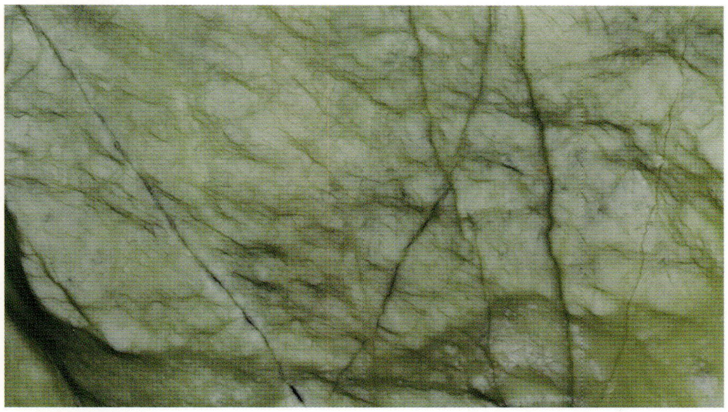

Verde Ming

Marinace Black

Marinace Green

Marinace Red

Emerald Green

Bateig Azul

Bateig Diamante

Pietra Serena

Anröchter Dolomit

Landscape/Tobacco

Rainbow

Pietra Australe

Dubai

Luna Marrón

Luna Grey

Cabernet / Moonrock

Anthrazit Black

Stone Wood

Rosa Quarzit Chiaro

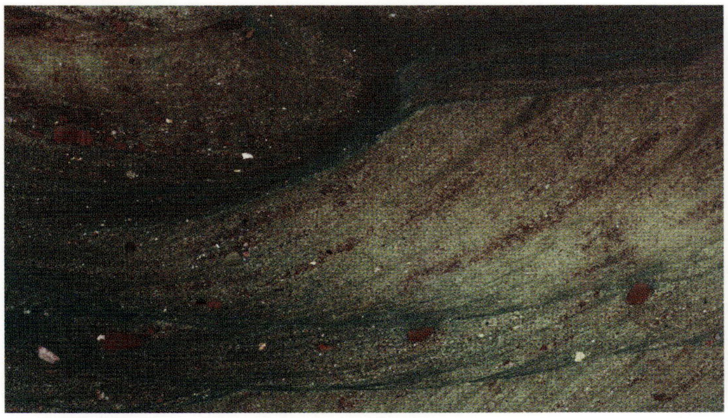

Wild Chianti

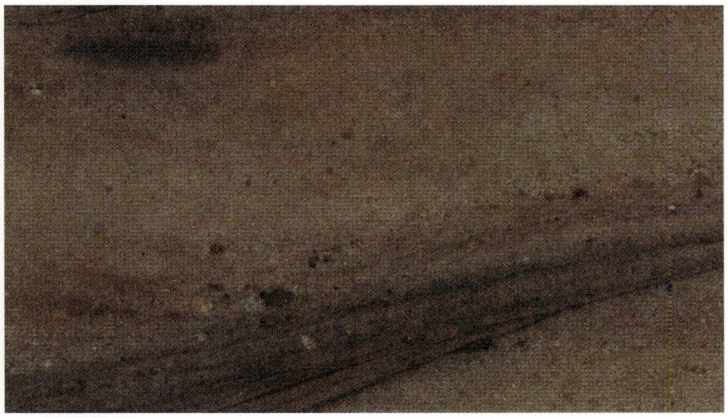

Wild Sea

Azul Imperial

Azul Imperial

Azul Imperial

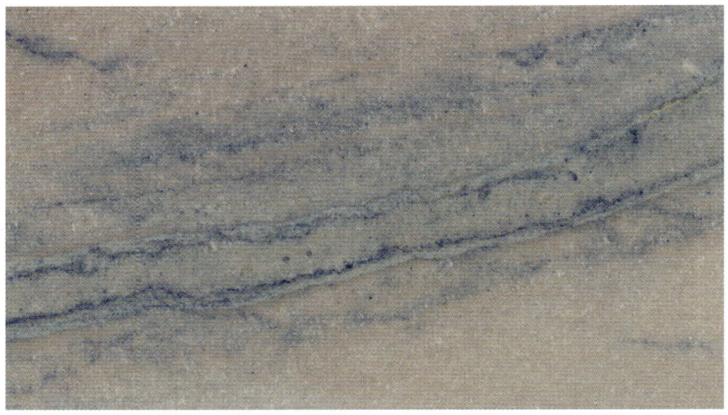

Azul Imperial

Azul Macaubas

Sky Gold

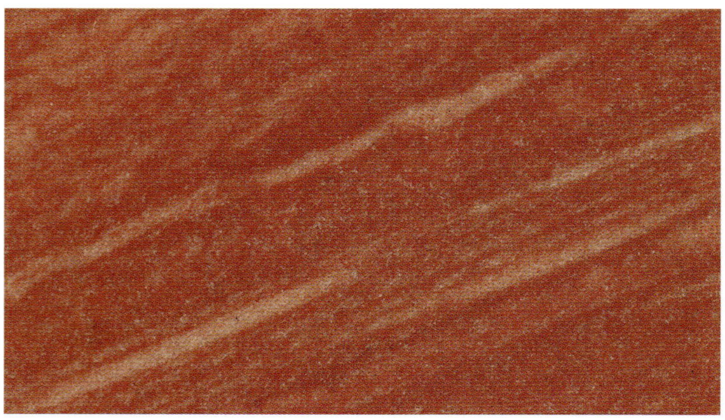

Rosa Quarzit Scuro

Branco Quarzit

Diamant G Quarzit

Alta Quarzit

Anden White

Diamant G Quarzit

Anden White

Anden Yellow

Anden Pink

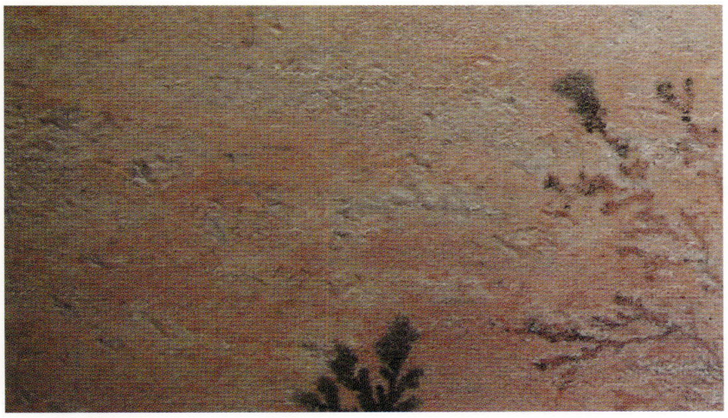
Anden Pink

Mustang Schiefer

Porto Schiefer

Burgundy Schiefer

Anden Phyllit

Jade Schiefer

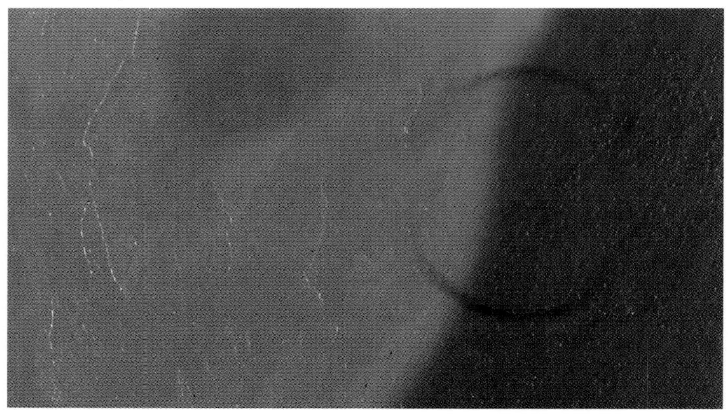

Greenwitch

Jaddish

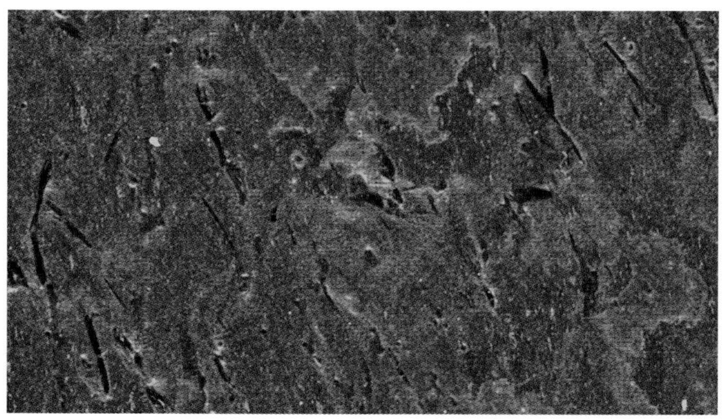

Otta Phyllit

Basaltina ungespachtelt

Basaltina gespachtelt

Basaltite

Etna Basalt

Fossil Black

Fossil Brown

Fevi Schiefer

Fossil Etrusco

# Danksagung an die mitwirkenden Natursteinverarbeiter

Falk Naumann Natur- & Kunststein
An den Röderwiesen 14
01458 Ottendorf-Okrilla
www.naumann-naturstein.de
Tel. 035205/73819
Fax 035205/71200

Asta Fliesen & Naturstein GmbH
Babelsberger Straße 51a
10715 Berlin
www.asta-natursteine.de
Tel. 030/6945595
Fax 030/6943231

Oelker Naturstein oHG
Ragower Weg 1
15834 Rangsdorf OT Groß Machnow
www.oelker.com
Tel. 033708/73968
Fax 033708/73969

Olaf Dircks
Süderquerweg 123
21037 Hamburg
www.olaf-dircks.de
Tel. 040/7230042
Fax 040/7238884

Natursteinwerk Boller
Sierksdorfer Straße 23
23730 Neustadt
www.naturstein-boller.de
Tel. 04561/52539-0
Fax 04561/52539-29

Wilhelm Böttger GmbH
Buntentorsteinweg 568
28201 Bremen
www.boettger-naturstein.de
Tel. 0421/873116
Fax 0421/870627

Natursteinbetrieb Krause GmbH
Haltenhoffstraße 56
30167 Hannover
www.naturstein-krause.de
Tel. 0511/70142-0
Fax 0511/70142-30

JH Naturstein GmbH
Dehmer Straße 26
32549 Bad Oeynhausen
www.henke-naturstein.de
Tel. 05731/752645
Fax 05731/752647

Wachenfeld Natursteinwerk
Am Steinbruch 10
34471 Volkmarsen Külte
www.wachenfeld-naturstein.de
Tel. 05691/8046-0
Fax 05691/8046-80

Hartmann & Sohn GmbH
Turmstraße 123
36093 Künzell-Bachrain
www.hartmann-sohn.de
Tel. 0661/3805270
Fax 0661/32302

Naturstein Helmut Fiedler e.K.
Petristraße 57
37308 Heilbad Heiligenstadt
www.naturstein-fiedler.de
Tel. 03606/69190
Fax 03606/614313

Norddeutsches Terrazzowerk
Efeuweg 3
38104 Braunschweig
www.bremer-stein.de
Tel. 0531/237361
Fax 0531/2373699

Pientka & Sohn GmbH
Pinienstraße 18
40233 Düsseldorf
www.pientka-sohn.de
Tel. 0211/7331717
Fax 0211/7338717

Dürholt Fliesen GmbH
Händeler Straße 51
42349 Wuppertal
www.duerholt-fliesen.de
Tel. 0202/474008
Fax 0202/477241

Natursteinwerk-NRW
Kaiserstraße 20
42477 Radevormwald
www.natursteinwerk-nrw.de
Tel. 02195/931200
Fax 02195/931201

Stonetouch Rüdiger Knoop
Zeppelinstraße 12a
44575 Castrop-Rauxel
www.stonetouch-knoop.de
Tel. 02305/31452
Fax 02305/34261

Burandt Natursteine
Essener Straße 240
46242 Bottrop
www.burandt-natursteine.de
Tel. 02041/686529
Fax 02041/686314

Thiele
Empeler Straße 118a
46459 Rees
www.fliesen-thiele.de
Tel. 02851-926260
Fax 02851-926267

Naturstein Höwer
Buldernweg 52a
48163 Münster
www.naturstein-hoewer.de
Tel. 0251/788578
Fax 0251/761826

Naturstein Halbach GmbH
August-Hahn-Straße 34
48599 Gronau
www.naturstein-halbach-gmbh.de
Tel. 02562/3884
Fax 02562/20582

Pues & Söhne Nachfolger e.K.
Johannisstraße 10
49219 Glandorf
www.naturstein-pues.de
Tel. 05426/2287
Fax 05426/3987

Maas Gebäudemanagement GmbH
Herseler Straße 12
50389 Wesseling
www.maasgmbh.com
Tel. 02236/9444916
Fax 02236/9444922

Platten König
Unterkaltenbach 14
51766 Engelskirchen
www.plattenkoenig-engelskirchen.de
Tel. 02263/921020
Fax 02263/921061

Naturstein Hollands GmbH
Honigmannstraße 2
52134 Herzogenrath
www.natursteinhollands.de
Tel. 02407/2081
Fax 02407/80406

Gregor Kiehlmann
Industriestraße 2
52459 Inden-Pier
www.kiehlmann-naturstein.de
Tel. 02428/3214
Fax 02428/3895

Granitec Marx & Bensberg
Jülicher Ring 105
53879 Euskirchen
www.granitec-naturstein.de
Tel. 02251/770666
Fax 02251/54666

Rademacher Marmor Granit GmbH
In der Trift 9
57462 Olpe
www.rademacher-marmor.de
Tel. 02761/9342-0
Fax 02761/9342-22

Bartscher & Wortmann GmbH
Werkzeugstraße 16
58093 Hagen
www.bartscher-wortmann.de
Tel. 02331/359191
Fax 02331/359199

Natursteinwerk Otto GmbH
Südfeld 3
59174 Kamen
www.naturstein-otto.de
Tel. 02307/94161-0
Fax 02307/94161-22

Marmor Freitag GmbH
Hauptstraße 7
59399 Olfen
www.marmor-freitag.de
Tel. 02595/5550
Fax 02595/5965

Kurt Müller GmbH
Massenheimer Weg 15
61352 Bad Homburg
www.kurt-mueller-gmbh.de
Tel. 06172/43287
Fax. 06172/43190

Klein - Marmor und Granit GmbH
Hauptstraße 151
63512 Hainburg
www.marmor-klein.de
Tel. 06182/4643
Fax 06182/67621

E. Graf GmbH
Vogelsbergstraße 22
63695 Glauburg-Stockheim
www.graf-natursteine.de
Tel. 06041/1093
Fax. 06041/4702

Horst Zentgraf GmbH
Im Gewerbegebiet 2
63846 Laufach
www.horst-zentgraf.de
Tel. 06093/9949-0
Fax 06093/9949-19

Bolat Natursteine GmbH
Dammstrasse 16
64331 Weiterstadt/Gräfenhausen
www.bolat.de
Tel. 06150/134673
Fax 06150/134675

Sturm Engineering GmbH
Schenkelstraße 8-10
67259 Beindersheim
www.sturm-engineering.de
Tel. 06233/3750459
Fax 06233/3750461

Steinwerk Köstner GmbH
August-Borsig-Straße 4
68199 Mannheim-Neckarau
www.steinwerk-koestner.de
Tel. 0621/853054
Fax 0621/853055

Matthias Bischoff
Heerweg 54
71717 Beilstein
www.bischoff-naturstein.de
Tel. 07062/3268
Fax 07062/22588

Marmor Betz
Am Heilbrunnen 139
72766 Reutlingen
www.marmor-betz.de
Tel. 07121/492219
Fax. 07121/434593

Marmor Majer GmbH
Im Teinachtal 1
75385 Bad Teinach
www.marmor-majer.de
Tel. 07053/8204
Fax 07053/1353

Gschlecht Natursteine
Freibühlstraße 15
78224 Singen
www.gschlecht.de
Tel. 07731/66656
Fax. 07731/64624

Natursteinmanufaktur Hanel
Am Mühlanger 6
86637 Wertingen
www.natursteine-hanel.de
Tel. 08272/2434
Fax 08272/2988

Steinwerk Josef Haas
Winterhäuser Straße 93
97084 Würzburg
www.steinwerk-haas.de
Tel. 0931/65347
Fax 0931/62346

Damo Keukenbladen Productie BV
Amperestraat 2
2181 HB Hillegom
www.damonatuursteen.nl
Tel. 0031/252/520329
Fax 0031/252/516492

Marbrerie C. Lampertz S.A.R.L
Z.A.E.R."OP DER HEI" • B.P.22
9801 Hosingen
www.lampertz.lu
Tel. 00352/997271-1
Fax 00352/997055

# Danksagung an die mitwirkenden Planer und Architekten

IPS Ingenieur- u. Planungsbüro
Skornicka GmbH
Langenstr. 40
28832 Achim
Tel. 04202/8031
Fax 04202/8034

Argyrakis Architekten
Ellernstrasse 22
30175 Hannover
www.argyrakis.com
Tel. 0511/2834316
Fax 0511/810469

Burmester-Korte
Hermannstraße 31
33602 Bielefeld
www.burmester-korte.de
Tel. 0521/27244
Fax 0521/285828

VSI Generalplaner GmbH
Verfürth Architekten
Bogenstr. 40
46236 Bottrop
www.verfuertharchitekten.de
Tel. 02041/688874
Fax 02041/689766

BAD & MEHR
Bergstraße 69-70
48143 Münster
www.bad-und-mehr.com
Tel. 0251/39777-00
Fax 0251/39777-01

Architekturbüro
Georg W. Potschernik
Schillingsstraße 99
52355 Düren-Gürzenich
www.potschernik.de
Tel. 02421/781977
Fax 02421/781985

Architekt
J. Kiefer
Gewerbegebiet
54311 Trierweiler
Tel. 0651/80770
Mobil 0171/7545438

bhk architekten + planer
Kästrich 10
55116 Mainz
www.bhk-architekten.de
Tel. 06131/6938-750
Fax 06131/6938-755

Dipl. Ing. (FH) Wiebke Knoop
Zeppelinstraße 12a
44575 Castrop-Rauxel
www.stonetouch-knoop.de
Tel. 02305/31452
Fax 02305/34261

HUF HAUS GmbH & Co. KG
Mühlenweg 1
56244 Hartenfels/Ww.
www.huf-haus.com
Tel. 02626/7610
Fax 02626/761103

Burkhard Ridder
Dipl.-Ing. Innenarchitekt
Koblenzer Str. 92
57482 Wenden-Gerlingen
www.schreinerei-ridder.de
Tel. 02762/929386
Fax 02762/929387

Bettina Rauscher
Dipl.-Ing. Innenarchitektin AKNW
Stehfenstr. 59-61,
59439 Holzwickede
www.rauscher-architektur.de
Tel. + Fax 02306/36896
Mobil 0171/3009005

Andreas Hansel Architekt
Oberlindau 74
60323 Frankfurt am Main
www.andreashansel.de
Tel. 069/97264270
Fax 069/97264272

Duo Plan
Textorstr. 51
60594 Frankfurt am Main
www.duo-plan.de
Tel. 069/613021
Fax 069/616757

Dipl.-Ing. Dieter Jung
Brandenburger Str. 45
61348 Bad Homburg v. d. H.
www.jung-baustudio.de
Tel. 06172/9667-0
Fax 06172/9667-44

Architekturbüro Aumann
Ziegelstrasse 10
65191 Wiesbaden
www.architekturbueroaumann.de
Tel. 0611/5059-80
Fax 0611/5059-828

Design Massivhaus Welsch GmbH
Binshofstrasse 6
66740 Saarlouis
www.welsch-design-massivhaus.de
Tel. 06831/80083
Fax 06831/891759

Eberhard Negele
Freier Innenarchitekt BDIA
Waiblinger Straße 19
71404 Korb
Tel. 07151/35738
Fax 07151/35759

Walk Architekten
Glashaus Seestr. 5
72764 Reutlingen
www.walkarchitekten.de
Tel. 07121/9484-0
Fax 07121/9484-20

Harald Herrmann
Wilhelm-Grimm-Weg 2
72762 Reutlingen
www.herrmann-fliesenleger.de
Tel. 07121/29644
Fax 07121/210861

Hubert Lang Architekt
Mönchsgartenweg 15
97084 Würzburg
Tel. 0931/65900

Roland Albrecht
Dipl. Ing. (FH)
Bahnhofstr.13
97320 Buchbrunn
Tel. 09321/925885

Rossittis GmbH
Stehfenstraße 59-61
59439 Holzwickede
www.rossittis.de
Tel. 02301/91332-0
Fax 02301/91332-32

Filiale Brinkum/Bremen
Gottlieb-Daimler-Straße 27
28816 Brinkum
Tel. 0421/89833-0
Fax 0421/89833-22

Filiale Walldorf/Heidelberg
Daimlerstraße 61
69190 Walldorf
Tel. 06227/30992-70
Fax 06227/30992-99

1. Auflage 2009

ISBN 978-3-87188-196-1


Herausgeber:
Stone Academy Europe GmbH
Stephenstraße 59-61
59439 Holzwickede

Geschäftsführender Gesellschafter:
Dieter Drossel

Autor und für den Inhalt verantwortlich:
Dieter Drossel

Fotos: Dieter Drossel
Satz & Layout: Dieter Drossel, Taisia Peters

Druck: Lonnemann GmbH, Selm
Buchbinderei: Terbeck GmbH, Coesfeld

Verlag:
Ebner Verlag GmbH & Co. KG
Karlstr. 41
89073 Ulm

Printed in Germany, 2009